Andreas Lilienthal

***

Der Reisemarkt für Senioren

www.salzwasserverlag.de

Lilienthal, Andreas

Der Reisemarkt für Senioren

1. Auflage 2007 | ISBN: 978-3-86741-025-0

© CT Salzwasser-Verlag GmbH & Co. KG, 2007
(www.salzwasserverlag.de). Alle Rechte vorbehalten.

Herstellung: Hohnholt Reprografischer Betrieb GmbH
(www.hohnholt.com). Gedruckt auf chlorfreiem Papier.

Die Deutsche Bibliothek verzeichnet diesen Titel in der Deutschen Nationalbibliografie. Bibliografische Daten sind unter http://dnb.ddb.de verfügbar.

Dieses Fachbuch wurde nach bestem Wissen und mit größtmöglicher Sorgfalt erstellt. Im Hinblick auf das Produkthaftungsgesetz weisen Autoren und Verlag darauf hin, dass inhaltliche Fehler und Änderungen nach Drucklegung dennoch nicht auszuschließen sind. Aus diesem Grund übernehmen Verlag und Autoren keine Haftung und Gewährleistung. Alle Angaben erfolgen ohne Gewähr.

Inhaltsverzeichnis

Abkürzungsverzeichnis	IV
Abbildungsverzeichnis	V
Tabellenverzeichnis	VII
1 Einleitung	**1**
2 Segmentierung der Zielgruppe Senioren	**3**
2.1 Theoretische Grundlagen	3
2.1.1 Marktbearbeitungsstrategien	4
2.1.2 Nachfragebestimmende Kriterien	5
2.2 Abgrenzung des Marktsegments der Senioren	7
2.3 Seniorentypologien	11
3 Marktstellung der Senioren	**16**
3.1 Bevölkerungsentwicklung	16
3.1.1 Demographischer Wandel	16
3.1.2 Steigende Lebenserwartung	19
3.1.3 Rückgang der Geburtenzahlen	21
3.1.4 Migration	22
3.2 Einkommens- und Vermögenssituation von Senioren	25
3.2.1 Leistungen aus der gesetzlichen Rentenversicherung	25
3.2.2 Bezieher von Hilfe zum Lebensunterhalt	27
3.2.3 Kaufkraft und Vermögensbestände	29
3.2.4 Verfügbares Nettoeinkommen der Senioren	30
3.3 Wertewandel	33
3.4 Freizeitverhalten der Senioren	37
3.5 Reisen als Freizeitbeschäftigung	39
4 Situationsanalyse des deutschen Seniorenreisemarktes	**40**
4.1 Grundlagen des Tourismus	40
4.1.1 Bedeutung des Tourismus	41
4.1.2 Entwicklung des Tourismus in Deutschland	43
4.2 Angebote an Seniorenreisen	43
4.2.1 Spezielle Seniorenreiseangebote	45
4.2.2 Reiseangebote mit hohem Seniorenanteil	47
4.2.3 Merkmale von Seniorenreiseangeboten	51

4.3 Die Nachfrage nach Seniorenreisen	51
4.3.1 Reisemotive	53
4.3.2 Reiseziele	56
4.3.3 Reisesaison	57
4.4 Kennzahlen zum Reiseverhalten	58
4.4.1 Reiseintensität	58
4.4.2 Reisehäufigkeit	61
4.4.3 Reisedauer	62
4.4.4 Reiseart	63
4.4.5 Reiseausgaben	64
4.4.6 Reiseverkehrsmittel	64
4.4.7 Unterkunft und Verpflegung	65
4.4.8 Reiseorganisation	66
4.5 Nichtreisende	67
5 Berücksichtigung der Multimorbidität	**69**
5.1 Physische Erkrankungen im Alter	69
5.1.1 Erkrankungen und Einschränkungen der Sinnesorgane	70
5.1.2 Herz-/ Kreislauferkrankungen	73
5.1.3 Erkrankungen des Stütz- und Bewegungsapparates	76
5.1.4 Stoffwechselerkrankungen	78
5.1.5 Erkrankungen des zentralen Nervensystems	80
5.1.6 Inkontinenz	81
5.2 Psychische Erkrankungen im Alter	82
5.2.1 Demenz	83
5.2.2 (Alters-)Depressionen	84
5.2.3 Sonstige psychische Erkrankungen	85
5.3 Auswirkungen der Multimorbidität	86
5.3.1 Definition von Mobilitätsbehinderung/-einschränkung	88
5.3.2 Definition von Behinderung	89
5.3.3 Definition von Schwerbehinderung	90
5.4 Die Nachfrage nach Reisen mobilitätseingeschränkter und behinderter Personen	92
5.5 Reiseangebote für mobilitätseingeschränkte und behinderte Personen	92
6 Angebote an Seniorenreisen unter Berücksichtigung der besonderen Verhältnisse – eine empirische Untersuchung	**94**

6.1 Konzeption der Untersuchung	95
6.1.1 Auswahl des Erhebungsinstruments	95
6.1.2 Ziele der Befragung	95
6.1.3 Auswahl der Unternehmen und Durchführung der Befragung	96
6.1.4 Fragebogenaufbau	98
6.2 Ergebnisse der Befragung	99
6.2.1 Hinweise	100
6.2.2 Allgemeiner Teil	101
6.2.3 Befunde zum Seniorenreisemarkt	103
6.2.4 Befunde zum Bereich Reiseangebote für multimorbide und behinderte Senioren	110
6.3 Fazit der Untersuchung	117
7 Handlungsempfehlungen zur Gestaltung von Seniorenreiseangeboten	**120**
7.1 Gestaltung von Reiseangeboten speziell für ältere Reisende	120
7.2 Empfehlungen für die Gestaltung von Reiseangeboten für die Zielgruppe multimorbider/ behinderter Senioren	122
7.2.1 Vorabinformationen zu Reisezielen	123
7.2.2 An- und Abreise/ Beförderung (PKW, Bus, Bahn, Flugzeug)	125
7.2.3 Unterkunft	126
7.2.4 Verpflegung	128
7.2.5 Freizeit- und Sportangebote	129
7.2.6 Service und Assistenz	130
8 Fazit	**132**
Literaturverzeichnis	**134**
Internetquellen	**138**

Abkürzungsverzeichnis

AWA	Allensbacher Markt- und Werbeträger-Analysen
BIB	Bundesinstitut für Bevölkerungsforschung
BMFSFJ	Bundesministerium für Familie, Senioren, Frauen und Jugend
BMGS	Bundesministerium für Gesundheit und soziale Sicherung
BMWA	Bundesministerium für Wirtschaft und Arbeit
F.U.R.	Forschungsgemeinschaft Urlaub und Reisen e.V. eingetragener Verein
GRV	Gesetzliche Rentenversicherung
IGSF	Institut für Gesundheits-System-Forschung
ICD	International Classification of Diseases
IFF	Institut für Freizeitwissenschaft
KDA	Kuratorium Deutsche Altershilfe
KHK	Koronare Herzkrankheit
MmHG	Millimeter Quecksilbersäule
WTO	World Tourism Organisation
WHO	World Health Organisation
ZNS	Zentrales Nervensystem

Abbildungsverzeichnis

Abbildung 1: Segmentspezifische Marktbearbeitungsstrategien 4
Abbildung 2: Überblick ausgewählter Kriterien der Marktsegmentierung 6
Abbildung 3: Marketing-Bezeichnungen für die Zielgruppe der Senioren 8
Abbildung 4: Altersaufbau der Bevölkerung 2001 und 2050 17
Abbildung 5: Lebenserwartung Neugeborener von 1905 bis 2050 19
Abbildung 6: Fernere Lebenserwartung im Alter von 60 Jahren 20
Abbildung 7: Annahmen zur künftigen Entwicklung der Außenwanderungen 23
Abbildung 8: Sozialhilfequoten der über 65-Jährigen in Deutschland (1980 bis 2003) 27
Abbildung 9: Monatlicher finanzieller Spielraum nach Alterklassen 1995 und 2004 (1000 DM/ 500 € oder mehr) 32
Abbildung 10: Wertewandel in der deutschen Bevölkerung 35
Abbildung 11: Alte und neue gesellschaftliche Werte 36
Abbildung 12: Freizeitgestaltung im Alter 38
Abbildung 13: Kriterien touristischer Reisen 41
Abbildung 14: Fremdenverkehrsleistungen 44
Abbildung 15: Angebotsformen von Seniorenreisen 45
Abbildung 16: Touristische Nachfragekriterien 52
Abbildung 17: Hauptbeweggründe für das Reisen der Senioren 55
Abbildung 18: Reisemotive von Senioren 55
Abbildung 19: Saisonalität der Urlaubsreisen der Senioren 2004 58
Abbildung 20: Entwicklung der Reiseintensität 2003-2004 59
Abbildung 21: Reiseeinschränkungen aus körperlichen oder gesundheitlichen Gründen 67
Abbildung 22: Wesentliche altersbedingte Veränderungen 70
Abbildung 23: Arteriosklerose (Lumen = Hohlraum eines röhrenförmigen Organs) 74
Abbildung 24: Lebensabschnitte und mögliche auftretende psychische Störungen 83
Abbildung 25: Altersstruktur mobilitätseingeschränkter/ behinderter Personen 91
Abbildung 26: Erhebungs-Grundgesamtheit der Reiseveranstalter 97
Abbildung 27: Einteilung der Unternehmen nach den jeweiligen Aktivitäten auf dem Seniorenreisemarkt 100
Abbildung 28: Anzahl der Reiseveranstalter nach Mitarbeitergrößenklassen 101
Abbildung 29: Zuständigkeit für das Seniorensegment (Mehrfachnennungen möglich) 102
Abbildung 30: Zuständigkeit für das Seniorensegment nach Unternehmensgröße 103
Abbildung 31: Angebot an Reisen für die Zielgruppe der Senioren 103
Abbildung 32: Gründe und Hindernisse, die gegen eine Teilnahme am Seniorenmarkt sprechen 104
Abbildung 33: Angebote an Seniorenreisen nach Altersklassen 105
Abbildung 34: Angebote an Seniorenreisen nach Zielgebieten 106
Abbildung 35: Angebote an Zieldestinationen für die verschiedenen Altersklassen der Senioren (in %) 107
Abbildung 36: Arten von Urlaubsreisen für Senioren 108

Abbildung 37: Spezielle Hilfestellungen und sonstige Angebote für Senioren auf Reisen 109
Abbildung 38: Entwicklung der Bedeutung des Seniorenreisemarktes 110
Abbildung 39: Anbieter von Reisen für multimorbide Senioren 111
Abbildung 40: Geplante Aufnahme von Reiseangeboten für multimorbide Senioren 111
Abbildung 41: Reiseangebote nach Formen von Erkrankungen/ Behinderungen 112
Abbildung 42: Spezielle Zusatzangebote für multimorbide Senioren 113
Abbildung 43: Vorkehrungen bei der Beförderung multimorbider /behinderter Personen 115
Abbildung 44: Spezielle Vorkehrungen und Angebote für multimorbide /behinderte Senioren am Urlaubsort 116
Abbildung 45: Erstellung von Reiseprogrammen für ältere Menschen 122
Abbildung 46: Vorabinformationen für multimorbide/ behinderte Reisende 124
Abbildung 47: Vorkehrungen bei der An- und Abreise/ Beförderung 126
Abbildung 48: Gestaltung der Unterkunft für multimorbide/ behinderte Reisende 128
Abbildung 49: Gestaltung der Verpflegung für multimorbide/ behinderte Reisende 129
Abbildung 50: Gestaltung von Freizeit- und Sportangeboten 130
Abbildung 51: Service und Assistenz für multimorbide/ behinderte Reisende 131

Tabellenverzeichnis

Tabelle 1: Bevölkerung nach Altersgruppen. Stand: 2004	18
Tabelle 2: Altersaufbau der Bevölkerung 1950 - 2050	24
Tabelle 3: Anzahl und durchschnittlicher Rentenzahlbetrag von Renten wegen verminderter Erwerbsfähigkeit und Altersrenten zum 1. Juli des jeweiligen Jahres in Deutschland	26
Tabelle 4: Anzahl der Bevölkerung in der jeweiligen Altersgruppe an Empfängern zum Lebensunterhalt getrennt nach Geschlechtern (Stand: 31.12.1998)	28
Tabelle 5: Erben nach Altersklassen	30
Tabelle 6: Nettoeinkommen der Senioren ab 65 Jahren in Deutschland von 1992 bis 2003	31
Tabelle 7: Werteorientierungen von Senioren (in %)	37
Tabelle 8: Urlaubsmotive aller Altersgruppen 1993 und 1996 im Vergleich	54
Tabelle 9: Inlandsreiseziele der Senioren	56
Tabelle 10: Auslandsreiseziele der Senioren	57
Tabelle 11: Entwicklung der Reiseintensität einer Generation seit 1971	60
Tabelle 12: Reiseintensität und -häufigkeit 1999 und 2004 im Vergleich	62
Tabelle 13: Dauer der Urlaubsreisen nach Lebensphasen 2003	63
Tabelle 14: Urlaubsreisearten der Senioren 2004 (Mehrfachnennungen möglich)	63
Tabelle 15: Prozentuale Nutzung von Reiseverkehrsmitteln	64
Tabelle 16: Unterkunftsarten auf Reisen	65
Tabelle 17: Wünsche der Senioren bei der Verpflegung	66
Tabelle 18: Reiseorganisation von Senioren	66
Tabelle 19: Schwerbehinderte Menschen in Deutschland (nach Art der schwersten Behinderung)	90
Tabelle 20: Kennzahlen zum Urlaubsverhalten behinderter Menschen	92

1 Einleitung

„Leben ohne Erleben ist Vegetieren"

(A. Dieber)

Die Tourismusbranche konnte in den vergangenen Jahrzehnten weltweit enorme Wachstumsraten verzeichnen und hat auch in Deutschland den ökonomischen Stellenwert klassischer Wirtschaftsbereiche, wie z.b. des Maschinenbaus, erreicht. In den letzten Jahren jedoch stagnierte das Wachstum auf dem deutschen Reisemarkt. Gründe hierfür werden vor allem in der stagnierenden wirtschaflichen Situation hierzulande gesehen. Die negative Einschätzung vieler Bundesbürger zur eigenen finanziellen Situation, bedingt durch Arbeitslosigkeit und Sozialabbau, lässt viele Menschen heutzutage auf ihren Urlaub verzichten oder veranlasst sie dazu, ihre Reiseabsichten einzuschränken.

Das Marktsegment der Senioren gewinnt in vielen Wirtschaftsbereichen zunehmend an Bedeutung. Der Anteil der Personen ab 60 Jahren wird von heute 25 Prozent auf 37 Prozent im Jahre 2050 in Deutschland ansteigen. Aufgrund dieser demographischen Entwicklung bietet sich für den Tourismussektor die Möglichkeit, neue Märkte zu erschließen. Diese Möglichkeit bietet sich insbesondere dann, wenn es gelingt, die immer wichtiger werdende Zielgruppe der Senioren über speziell für sie angepasste touristische Produkte und Dienstleistungen zu erreichen.

Die Zielgruppe der multimorbiden Senioren stellt in diesem Zusammenhang eine besondere Herausforderung an die Logistik und Infrastruktur der touristischen Anbieter und Zieldestinationen dar. Es müssen vielfältige Besonderheiten in Hinblick auf die verschiedensten Formen von Erkrankungen und den daraus resultierenden Behinderungen berücksichtigt werden. Doch gerade diese, in der Vergangenheit oftmals vernachlässigte Zielgruppe, stellt ein enormes Marktpotential für die Tourismusbranche dar.

Das Ziel dieser Untersuchung besteht darin herauszufinden, ob Reiseangebote für die Zielgruppe der multimorbiden Senioren überhaupt von den Reiseveranstaltern in deren Produktpalette berücksichtigt werden und wie diese Angebote gestaltet sind. Dabei stehen folgende Aspekte im Vordergrund: Welche Merkmale kennzeichnen Reisende mit Mobilitäts- und Aktivitätseinschränkungen? Welche speziellen Vorkehrungen müssen für diese Zielgruppe in Hinblick auf touristische Servicedienstleistungen, Beförderung und Unterkunft getroffen werden?

Für diese Untersuchung wurden im Titel bewusst die Bezeichnungen „Seniorenreisemarkt" und „Multimorbidität" gewählt, da überwiegend die Personengruppe älterer Menschen mit altersspezifischen Erkrankungen sowie die daraus resultierenden (vorübergehenden als auch bleibenden) Behinderungen Gegenstand der Untersuchung sind. Im Rahmen dieser Untersuchung werden verschiedene Bezeichnungen der Zielgruppe, wie multimorbide oder behinderte Senioren, verwendet. Hierbei wird keinesfalls beabsichtigt, diese Personen auf ihre Krankheiten oder Behinderungen zu reduzieren bzw. diese zu stigmatisieren. Des Weiteren wird aus Gründen des besseren Redeflusses lediglich die männliche Form benutzt, die Untersuchung bezieht sich aber selbstverständlich auf beide Geschlechter.

2 Segmentierung der Zielgruppe Senioren

Die Zielgruppe der Senioren bildet keine geschlossene Einheit. Es existieren vielfältige Differenzen zwischen den diesem Marktsegment zugehörigen Personen. Die Vielzahl aktueller und potentieller Konsumenten kann sich in den verschiedensten Aspekten voneinander unterscheiden, so zum Beispiel hinsichtlich Geschlecht, Alter, Beruf und Einstellungen. Für die Entwicklung zielgruppenspezifischer Angebote ist eine Differenzierung nach nur einem Segmentierungskriterium, wie z.b. dem Alter, unzureichend und eine feinere Unterteilung nach weiteren Kriterien unabdingbar. Aufgrund der Individualität der Personen, die sich aus der jeweiligen konkreten Lebenssituation ergibt, sollten weitere Segmentierungsansätze, wie z.b. der Gesundheitszustand, als Abgrenzungskriterium herangezogen werden.

2.1 Theoretische Grundlagen

Aufgrund der vielfältigen Unterschiede zwischen den verschiedenen Konsumentengruppen ist es keinem Unternehmen möglich, seine Marketingmaßnahmen an Einzelpersonen auszurichten. Um trotzdem allen Kunden gleichermaßen erfolgreich gerecht werden zu können, nutzen die Anbieter die Möglichkeit eines zielgruppenorientierten Marketings. Diese Zielgruppenstrategie verlangt als ersten Schritt die Marktsegmentierung.

Unter dem Begriff der Marktsegmentierung wird nach Meffert „die Aufteilung eines Gesamtmarktes in bezüglich ihrer Marktreaktion in intern homogene und untereinander heterogene Untergruppen (Marktsegmente), sowie die Bearbeitung eines oder mehrerer dieser Marktsegmente" verstanden.[1]

Die Bildung homogener Teilmärkte bzw. -segmente erfordert, dass diese in sich möglichst ähnlich (intern homogen), im Vergleich zu anderen Teilsegmenten aber möglichst unterschiedlich (extern heterogen) sein sollten. Der Zweck der Marktsegmentierung besteht darin, Gruppen von Nachfragern zu isolieren, welche sich durch ähnliches Kaufverhalten auszeichnen und die Leistungsangebote

---

[1] vgl. Meffert 2000, S.181

möglichst genau auf die spezifischen Wünsche dieser Nachfrager zuzuschneiden.[2]

2.1.1 Marktbearbeitungsstrategien

Durch den Wandel vom Verkäufer- zum Käufermarkt wird die Notwendigkeit einer gezielten Marktbearbeitung begründet. Nicht mehr die Produktion, sondern der Absatz stellt den Engpass in der Marketingplanung dar.[3]

Die Marktsegmentierung ist eine sich an spezifischen Bedürfnissen verschiedener Zielgruppen orientierende Marketingstrategie der Unternehmen, die undifferenziert, differenziert oder konzentriert sein kann.[4]

Abdeckung des Marktes	Grad der Differenzierung	Undifferenziert	Differenziert
Vollständig		Ansprache des Gesamtmarktes mit gleichen Leistungsangeboten (1)	Ansprache des Gesamtmarktes mit differenzierten Leistungsangeboten (3)
Teilweise		Ansprache eines ausgewählten Segments mit undifferenzierten Leistungsangeboten (2)	Ansprache ausgewählter Segmente mit differenzierten Leistungsangeboten (4)

Abbildung 1: Segmentspezifische Marktbearbeitungsstrategien[5]

Bei der *undifferenzierten* Marktbearbeitung wird mit einem Produkt der Gesamtmarkt bearbeitet. Das Unternehmen konzentriert sich auf die Gemeinsamkeiten hinsichtlich der Bedürfnisse von Kunden und konzipiert ein Produkt und ein Marketingprogramm, das die größtmögliche Anzahl an Käufern ansprechen soll (Mas-

---

[2] vgl. Bruhn 1999, S.60
[3] vgl. Freter 1983, S.16
[4] vgl. Poth /Poth 1999, S. 262
[5] Quelle: Meffert 2000, S.217 (verändert)

senmarkt).[6] Hier werden auch Senioren als Kunden im Destinationsmarketing angesprochen, da die breit gefächerte Ansprache diese natürlich mit einbezieht. Allerdings wird dabei das Alter außer Betracht gelassen und es erfolgt keine spezielle Differenzierung der Senioren von anderen Altersgruppen.

Im Rahmen der *differenzierten* Marktbearbeitung bearbeitet ein Unternehmen mehrere Marktsegmente, wobei für jedes dieser Segmente spezielle Produkte entwickelt werden. Da mit zunehmendem Differenzierungsgrad allerdings hohe finanzielle sowie personelle Ressourcen notwendig werden, kommt diese Bearbeitungsstrategie nur bei größeren Unternehmen in Frage.[7] Als Beispiel sind hier die großen Reiseveranstalter zu nennen, die neben ihrem „Normalprogramm" zusätzlich noch Seniorenreisen anbieten.

Bei der *konzentrierten* Marktbearbeitung entscheidet sich ein Unternehmen für eine bestimmte Zielgruppe, auf deren spezielle Bedürfnisse das Produkt ausgerichtet wird. Hierbei kann sich das Unternehmen, aufgrund seiner umfangreichen Kenntnisse der Bedürfnisse seiner Kunden, eine starke Position gegenüber anderen Unternehmen aufbauen.[8] Beispielhaft zu nennen sind kleine Nischenanbieter, z.B. für Reisen speziell für multimorbide Senioren oder für Behinderte.

2.1.2 Nachfragebestimmende Kriterien

Eine weitere Grundlage der Marktsegmentierung ist eine Analyse der Nachfragemerkmale von Kunden. Hier stellt sich die Frage, nach welchen Kriterien die Zielgruppen eines Unternehmens zu definieren sind. Die Unterteilung des Gesamtmarktes in unterschiedliche Käufergruppen kann anhand einer Vielzahl verschiedener Trenngrößen vorgenommen werden.

---

[6] vgl. Meffert 2000, S.216
[7] vgl. Meffert 2000, S.217
[8] vgl. Meffert 2000, S.216

In Abbildung 2 werden die Merkmale aufgelistet, die üblicherweise zur Aufteilung eines Konsumgütermarktes herangezogen werden.

Kriterien		Merkmale (Auswahl)	Kombination mehrerer Merkmale
soziodemographische Kriterien	geographische Kriterien	Wohnort/Region Stadt/Land	
	demographische Kriterien	Geschlecht Alter Haushaltsgröße	Familienlebenszyklus
	sozioökonomische Kriterien	Bildungsstand Beruf Einkommen	Soziale Schicht Milieus
psychographische Kriterien	produktbezogen oder allgemein	Motive Einstellungen Werte Persönlichkeitsmerkmale Interessen	Life-Style (in Kombination mit anderen Merkmalen)
Kriterien des beobachtbaren Verhaltens	kaufbezogen	Einkaufsstättenwahl Produktwahl Markenwahl/ -treue Preisverhalten Kaufhäufigkeit	
	allgemein	Informationsverhalten Freizeitverhalten	

Abbildung 2: Überblick ausgewählter Kriterien der Marktsegmentierung[9]

Zu den *soziodemographischen Kriterien* zählen Merkmale wie Alter, Familienstand, Bildung, Einkommen und Beruf. Auch geographische Kriterien wie Region oder Wohnort gehören zu den soziodemographischen Kriterien.[10] Bei den *psychographischen Kriterien* spielen Persönlichkeitsmerkmale, Lebensstile, Freizeitinteressen und Wertevorstellungen eine wichtige Rolle.[11] Die *Kriterien des beobacht-*

---

[9] Quelle: Kölzer 1995, S.19
[10] vgl. Freyer 2006, S.89
[11] vgl. Kapitel 2.3 Seniorentypologien

baren Verhaltens beziehen sich im Destinationsmarketing auf das allgemeine Reiseverhalten (z.B. Reisehäufigkeit, Reiseverkehrsmittel, Reisedauer, Reisepreis, Unterkunftsart etc.) sowie auf das Entscheidungs- und Buchungsverhalten. In der Praxis werden die oben aufgeführten Kriterien in der Regel nicht einzeln genutzt, sondern miteinander kombiniert.

2.2 Abgrenzung des Marktsegments der Senioren

Zunächst einmal muss der Seniorenmarkt als Teilmarkt vom Gesamtmarkt segmentiert werden. Es stellt sich die Frage, was unter dem Begriff „Senioren" zu verstehen ist und welche Personen der Gruppe der Senioren zugeordnet werden können.

Der Begriff „Senior" stammt aus dem Latein und bedeutet, wie in unserem Sprachgebrauch heute noch üblich, „der Ältere" bzw. „älterer Mensch".[12] Er wird als sympathischer, positiver Begriff für das Alter verwendet, welches allerdings mit negativen Assoziationen verbunden ist. Der Begriff ist ein typisches Beispiel für eine schmeichelnde Ausdrucksform.[13]

Das „Altern" beschreibt Schäffler als den „biologischen, psychischen und sozialen Prozess, der nicht erst im höheren Lebensalter beginnt, sondern von der Geburt an unumkehrbar fortschreitet".[14]

Der Seniorenmarkt umfasst Konsumenten höherer Altersklassen. Je nach Definition kann der Beginn des Seniorenalters, z.B. bei statistischen Tabellen, zwischen 50 und 65 Jahren liegen.[15] Es ist schwierig, das Seniorensegment bzw. die Bevölkerungsgruppe der Senioren eindeutig von anderen Bevölkerungsgruppen abzugrenzen, da es natürlich den „Senior" mit bestimmten Eigenschaften nicht gibt. In der Regel wird der Personenkreis zu den Senioren gezählt, der 60 Jahre oder älter ist, da es sich um das durchschnittliche Alter des Renteneintritts handelt, welcher oftmals maßgeblich für

---

[12] vgl. Duden 2000, S.378
[13] vgl. Deutsches Seminar für Tourismus 2002, S.18
[14] Schäffler, Menche, Bazlen, Kommerell 1997, S. 484
[15] vgl. Artho 1997, S.26

das Altersempfinden ist. Laut Hübner/ Born handelt es sich um eine relativ willkürliche Abgrenzung, die aber in vielen Untersuchungen über das Alter und die demographische Entwicklung Verwendung findet.[16]

Vermehrt wird im Marketing bzw. in der Marktforschung dazu übergegangen, die Grenze zum „Senior" früher festzulegen. Mit heute üblichen Begriffen wie „55plus", „50plus" oder teilweise bereits „45plus" wird versucht, die kaufkräftigen unter Sechzigjährigen in das Senioren-Marketing mit einzubeziehen. Dieses Vorziehen der Altersgrenze ist aber als problematisch anzusehen, da die Charakteristika der eigentlichen Senioren nur auf einen geringen Anteil dieser „Jungsenioren" übertragen werden können.

Für die Gruppe der Senioren existieren im Marketing die unterschiedlichsten Bezeichnungen. Die bekanntesten Bezeichnungen sind der folgenden Übersicht zu entnehmen:

Neue Alte	Mature Consumers
Junge Alte	Wollies (Well income old leisure people)
Junggebliebene	Senior Citizens
Menschen im dritten Lebensabschnitt/ Lebensalter	Grampies (Growing retired active moneyed people in an excellent state)
60plus	Silver Market
50plus	Grey Market
Oldies	Grumpies (Grown up mature people)
Goldies (abgeleitet vom Goldenen Marktsegment)	Gold Market
	Busy Fit Oldies
Selpies (Second Life People)	Erbengeneration
Woopies (Well off older people)	Mid Ager
Yollies (Young old leisured living people)	Master Consumer

Abbildung 3: Marketing-Bezeichnungen für die Zielgruppe der Senioren[17]

Diese Begriffe sind neutrale Bezeichnungen und von Marketing-Fachleuten wohlüberlegte Synonyme für das Wort „Senioren".

---

[16] vgl. Hübner/ Born 1999, S.24
[17] Quelle: eigene Erstellung in Anlehnung an Krieb/ Reidl 1999, S.78

Da unsere Gesellschaft mit dem Wort „Senior" das Attribut „Alt" verbindet, stellen diese Begriffe einen Euphemismus dar, um die damit verbundenen negativen Assoziationen auszugrenzen. Es ist zu erkennen, dass in der heutigen, vom „Jugendwahn" geprägten, Gesellschaft eine gestörte Einstellung zum Alter vorherrscht. Eine allgemeingültige Bezeichnung für die ältere Generation gibt es in Deutschland nicht und es gibt keine eindeutige Altersgrenze, ab der ein Mensch zu den „Senioren" zählt.

Ebenso schwierig wie die Abgrenzung des Seniors an sich bzw. des Seniorenmarktes von anderen Teilmärkten ist eine weiterreichende Klassifizierung. In der Literatur findet man eine Vielzahl von Segmentierungsansätzen. Folgende grobe Segmentierung des Seniorenmarktes, die sich am chronologischen Alter orientiert, erweist sich aus der Sicht des führenden amerikanischen Forschungs- und Beratungsinstituts „Age Wave" als praktikabel:

- 50 – 64 Jahre: Middle Adulthood (mittleres Erwachsenenalter)
- 65 – 79 Jahre: Late Adulthood (spätes Erwachsenenalter)
- 80 Jahre und älter: Old Age[18]

Das chronologische Alter wird auch als das kalendarische bzw. tatsächliche Lebensalter bezeichnet. Eine einheitliche Altersgrenze zur Differenzierung zwischen Senioren und Menschen mittleren Alters gibt es allerdings nicht. Die Weltgesundheitsorganisation WHO z.B. unterscheidet Personen höheren Alters nach

- Älteren Menschen (60 – 75 Jahre)
- Alten Menschen (76 – 90 Jahre)
- Sehr alten Menschen (91-99 Jahre)
- Langlebigen Menschen (über 100 Jahre).[19]

---

[18] vgl. Meyer- Hentschel 1991, S.80
[19] vgl. Heeren 2004, S 12 f.

Eine andere Unterteilung des Freizeit- und Tourismusforschers Opaschowski lautet wie folgt:

- Jungsenioren (50-64 Jahre)
- Senioren (65-79 Jahre)
- Hochaltrige (über 80 Jahre)[20]

Ein wesentlicher Vorteil des Merkmals „Alter", das den demographischen Segmentierungskriterien zuzuordnen ist, liegt in der Korrelation mit dem Konsumverhalten. Dabei weist das Alter im Vergleich zu den anderen Segmentierungskriterien kaum Messprobleme auf. Auch sind vorliegende statistische Daten zumeist nach dem Alter unterteilt, so dass sich die Bevölkerung in bestimmte Altersgruppen einteilen lässt. Ein Nachteil der Segmentierung allein anhand des Merkmals „Alter" ist jedoch darin zu sehen, dass sich z.B. das Kauf- bzw. Reiseverhalten kaum uneingeschränkt auf das Alter zurückführen lässt. Innerhalb einer Altersklasse können verschiedenste Verhaltensweisen vorherrschen.[21]

Obwohl eine chronologische Abgrenzung zur Bestimmung des Seniors als durchaus problematisch angesehen werden muss, wird dennoch in vielen Untersuchungen über das Alter bzw. die demographische Entwicklung eine derartige Unterscheidung als Kriterium benutzt.[22] Das Alter als Segmentierungsvariable scheint geeignet, da bestimmte physische und psychische Veränderungen erst mit zunehmendem Alter auftreten, wobei lediglich der Grad der Veränderung individuell ist. Das subjektive wie auch das körperliche Altersempfinden hängt stark mit dem tatsächlichen Alter zusammen, wodurch eine kalendarische Abgrenzung gerechtfertigt zu sein scheint.[23] Es bleibt festzuhalten, dass die Altersuntergrenze bei der Betrachtung des Seniorenmarktes oftmals unter 60 Jahre angegeben wird, dabei allerdings nicht unter dem 50. Lebensjahr liegt.[24]

---

[20] vgl. Opaschowski 1998, S.11
[21] vgl. Deutsches Seminar für Tourismus 2002, S.22 f.
[22] vgl. Heeren 2004, S.15
[23] vgl. Kölzer 1995, S.40
[24] vgl. Kölzer 1995, S.28

In dieser Untersuchung werden die Personen den Senioren zugeordnet, welche das 60. Lebensjahr überschritten haben, da ab diesem Zeitpunkt zumeist der Eintritt in den Ruhestand erfolgt (die Berufsaufgabe in Deutschland kann mit einer Altersangabe von etwa 60 Jahren relativ genau beziffert werden) und damit die erworbene freie Zeit, welche u.a. zum Reisen genutzt wird, sprunghaft zunimmt. Die Kombination aus chronologischem Alter und dem Eintritt in den Ruhestand scheint auch geeignet, da dieses Ereignis einschneidende Veränderungen für die Lebenssituation eines Menschen mit sich bringt. Von einer Altersobergrenze wird in dieser Untersuchung abgesehen. Dies hängt damit zusammen, dass im Verlauf der Untersuchung auch multimorbide Senioren betrachtet werden, die aufgrund des medizinischen Fortschritts sowie eines gesteigerten Gesundheitsbewusstseins oftmals erst in relativ hohem Alter mit (Mehrfach-) Erkrankungen konfrontiert werden. Es muss jedoch auch gelegentlich von dieser Abgrenzung abgewichen werden, da in vielen Statistiken und Untersuchungen andere Alterseinteilungen vorgenommen werden.

2.3 Seniorentypologien

Die Darstellung verschiedener Seniorentypologien verdeutlicht, dass einerseits die traditionellen Arbeitstugenden, andererseits aber auch die Freizeitwerte bei den Senioren vorherrschen. Die heutige Seniorengeneration unterscheidet sich deutlich von der älteren Bevölkerungsgruppe früherer Zeiten. Formulierungen wie „die neuen Alten" oder „die jungen Alten" sagen aus, dass die heutige Seniorengeneration ein „jüngeres" Verhalten an den Tag legt als die Senioren früherer Zeiten. Ein spezifisches Altersverhalten erfolgt erst in relativ hohem Alter.

In der Literatur findet man verschiedene Studien, wie die Gruppe der Senioren unterteilt werden kann. Meist sind Untergliederungen, wie bereits erwähnt, an das Alter angelehnt. Da die Bevölkerungsgruppe der Senioren eine starke Heterogenität aufweist, gestaltet sich die Einteilung in klar abgrenzbare Zielgruppen als schwierig. Nachfolgend werden verschiedene Typenbildungen vorgestellt.

Bezüglich der Auswirkungen verschiedener Lebensstile auf das Tourismusverhalten bietet sich vor allem die Einteilung des *Instituts für Freitzeitwissenschaft (IFF)* aus dem Jahr 1996 an. In einer breit angelegten Studie wurde hier versucht, das Reiseverhalten der Senioren differenzierter zu beschreiben. Bei diesem Ansatz wurde auch die Gruppe der 50- bis 59-Jährigen mit einbezogen. Dieses diente vor allem prognostischen Zwecken. Da sich das Reiseverhalten im Alter nicht stark verändert, sondern eher aus jüngeren Jahren fortgeführt wird, können aus der Bestandsaufnahme dieser Altersgruppe Rückschlüsse auf das zukünftige Reiseverhalten geschlossen werden.[25] In dieser Studie wurden sechs Seniorentypologien gebildet, welche sich signifikant voneinander unterscheiden.[26]

Das *Institute Infratest Sozialforschung* teilt die Senioren wie folgt ein:

- **Typ 1: Die pflichtbewussten, häuslichen Älteren (31%):** Sie sind selbstzufrieden, anpassungsfähig und skeptisch gegenüber Neuem. Sie sind geprägt von starkem Sicherheitsdenken und ziehen sich oft ins Private zurück.

- **Typ 2: Die sicherheits- und gemeinschaftsorientierten Alten (29%):** Bei Ihnen überwiegen nüchtern-kritische Einstellungen. Aktivitäten werden mit Ernsthaftigkeit und Disziplin betrieben. Spontaneität ist zumeist nicht vorhanden.

- **Typ 3: Die resignierten, zurückgezogenen Älteren (15%):** Ihr Interesse beschränkt sich zumeist auf Arbeit im Haus und Garten. Ihre pessimistische Lebenseinstellung gründet in Einsamkeit, Ohnmacht und Resignation. Sie haben ein stark ausgeprägtes Sicherheitsbedürfnis.

- **Typ 4: Die aktiven, neuen Älteren (25%):** Sie zeichnet ein aktives Freizeitverhalten aus. Sie haben Interesse an Kultur und sind gekennzeichnet durch eine Leistungs- und Verantwortungsbereitschaft für neue Tätigkeitsfelder. Sie wollen ihr Leben genießen und streben nach Selbstverwirklichung, leben in

---

[25] vgl. Hübner, Born 1999, S.29
[26] siehe Anhang 1

guten finanziellen Verhältnissen, sind sozial integriert und kontaktfreudig.[27]

Eine Studie von *Müller* unterteilt die Gruppe der Senioren in fünf idealtypische Seniorentypen. Die Daten stammen aus dem Jahr 1993. Voraussetzung der Definition des Seniors war das Erreichen des 55. Lebensjahres und die Personen durften nicht mehr berufstätig sein.[28]

- **Junge Alte (9%)**: Sie sind aktiv, konsumfreudig, markenbewusst, überdurchschnittlich gebildet und haben eine optimistische Lebenseinstellung.

- **Emanzipierte Bildungsbürger (21%)**: Sie haben den höchsten Bildungsstandard aller Gruppen, sind kulturbewusst und hedonistisch eingestellt. Gegenüber Werbung verhalten sie sich distanziert und haben nur ein durchschnittliches Produktinteresse.

- **Aktive Konservative (17%)**: Ihr Leben spielt sich überwiegend im Freundes- sowie Familienkreis ab. Bildungsstand und Ausbildungsniveau sind relativ niedrig, ihre Einkommenssituation gut. Sie zeichnet ein hohes Sicherheitsbedürfnis aus und sind marken- sowie qualitätsbewusst.

- **Passive Konservative (32%)**: Sie sind mit geringen finanziellen Mitteln sowie einem eher geringen Bildungsniveau ausgestattet und verlassen die häusliche Umgebung eher selten.

- **Resignierte Alte (20%)**: Sie besitzen ein eher geringes Produktinteresse. 51% dieser Gruppe sind älter als 70 Jahre.[29]

Das Marktforschungsinstitut *Grey* segmentiert den Seniorenmarkt mittels einer multifaktoralen Analyse. Folgende Faktoren wurden hierbei berücksichtigt:

---

[27] vgl. Leimer 1997, S.32
[28] vgl. Hübner, Born 1999, S.29
[29] vgl. Leimer 1997, S.32

- Das biologische Alter (look-age)
- Das psychologische Alter (feel-age)
- Das soziale Alter (do-age)
- Das kognitive Alter (interest-age)

Die wichtigsten Verhaltensvariablen dieser Segmentierung sind laut Grey die geistige Haltung, Aufgeschlossenheit, Zukunftsorientierung sowie Neugier. Es wurde aufgrund dieser Kriterien folgende Segmentierung des Seniorenmarktes vorgenommen:

- Die erlebnisorientierten, beweglichen **„Master Consumers"** (35% der 50+ Bevölkerung): Diese Zielgruppe ist für das Marketing besonders relevant, da 35% der Bevölkerung, mit einem überproportional großen Anteil an 50- bis 65-Jährigen, über knapp die Hälfte des Geldes der 50+ Generation verfügt. Die Master Consumers lehnen alle Altersstereotypen ab, sind aktiv und erlebnisorientiert und nehmen intensiv am öffentlichen Leben teil. Sie sind unternehmungslustig, Neuem gegenüber aufgeschlossen und genießen ihren hohen Lebensstandard. Sie besitzen eine hohe psychische und physische Vitalität, haben ein hohes Bildungsniveau und verfügen über ein gehobenes Einkommen. Sie sind die „Beweglichen" unter den Senioren und im Grunde alles andere als alt.

- Die eher konservativen *„Simplifiers"* (32% der 50+ Bevölkerung): Die „Simplifiers" sind die Gruppe der „Late Adaptors". Sie sind die „wahren" Pensionäre mit eher traditionellem Rollenverhalten. Rückzug aus dem öffentlichen Leben charakterisiert ihren Lebensstil. Sie verfügen lediglich über einen limitierten finanziellen Spielraum.

- Die still genießenden *„Maintainers"* (33% der 50+ Bevölkerung):
    Diese Gruppe hat sich vom traditionellen Rollenverhalten „älterer Menschen" abgewandt und sich mit dem Wechsel der Lebensphasen neu orientiert. Freiheit und Freizeit genießen

steht für sie an erster Stelle. Sie verfügen über ausreichende finanzielle Mittel und eine gute gesundheitliche Verfassung.[30]

Neben diesen Klassifizierungen der Senioren existieren noch zahlreiche weitere Abgrenzungsversuche. Diese Klassifizierung der verschiedenen Seniorentypologien soll eine bessere Abgrenzung der Senioren untereinander ermöglichen, nämlich die nach Einstellungen und Lebensarten.

Für den Reisemarkt sind vor allem die aktiven und freizeitorientierten „jungen Alten" von Bedeutung, da sie sich häufig noch sehr mobil und gesund fühlen und deshalb an (längeren) Reisen interessiert sind. Die „älteren Alten" haben laut Hübner/Born oftmals gesundheitliche Einschränkungen und verreisen daher entweder gar nicht oder nur kurz und zu eher näher gelegenen Destinationen.[31] Warum diese Personengruppe der „älteren Alten" oftmals nicht verreist und welche Maßnahmen ergriffen werden müssen, damit das Interesse dieser Personen am Reisen geweckt wird und diese als Kunden für die Tourismusbranche gewonnen werden können, wird in dieser Untersuchung thematisiert.

---

[30] vgl. Artho 1996, S. 108 f.
[31] vgl. Hübner, Born 1999, S.36

3 Marktstellung der Senioren

Das folgende Kapitel beschreibt die Merkmale der heutigen und prognostisch die der zukünftigen Seniorengeneration. Ebenso sollen die daraus resultierenden Auswirkungen für das Marktgeschehen betrachtet werden. Des Weiteren wird auf die Bedeutung der älteren Menschen als Wirtschaftsfaktor eingegangen. Hierzu gehören zum einen quantitative Faktoren, wie die Bevölkerungszusammensetzung und die Bevölkerungsentwicklung sowie qualitative Faktoren, z.b. die finanzielle Ausstattung der Senioren in Hinblick auf deren Kaufkraft.

3.1 Bevölkerungsentwicklung

Für die Beschreibung der quantitativen Marktbedeutung von Senioren heute und in der Zukunft ist die Zusammensetzung der Bevölkerung nach Altersgruppen, welche zumeist in Form von „Alterspyramiden" dargestellt wird, wichtig. Der Bevölkerungsanteil der Senioren steht im engen Zusammenhang mit dem aktuellen und zukünftigen Nachfrage- und Angebotsverhalten. Daher werden im Folgenden sowohl die Bevölkerungszusammensetzung in Deutschland als auch zukünftige Bevölkerungsprognosen näher beschrieben.

3.1.1 Demographischer Wandel

Der Begriff des demographischen Wandels steht laut Meffert für „eine schrumpfende und gleichzeitig immer älter werdende Gesellschaft".[32] Wer die demographische Entwicklung betrachtet, stellt nach Krieb fest, dass die Gruppe der Älteren stetig wächst, nicht nur in Deutschland. Weltweit zeichnet sich diese Entwicklung ab, Deutschland nimmt allerdings im internationalen Vergleich einen Spitzenplatz ein.[33] Sinkende Geburtenzahlen, eine stetig zunehmende Lebenserwartung und die Bevölkerungsbewegungen als Bestimmungsgrößen sind verantwortlich dafür, dass sich die Bevölkerung in Deutschland von der „Pyramide" zum „Pilz" verändert. Daher wird nun näher auf diese Größen eingegangen.

---

[32] Meffert, Backhaus, Becker 2004, S.1
[33] vgl. Krieb/ Reidl 2001, S.25

Der Altersaufbau einer Bevölkerung kann anschaulich anhand der Darstellung einer Alterspyramide beschrieben werden. In Abbildung 4 ist der Altersaufbau der Deutschen Bevölkerung Ende 2001 sowie die prognostizierte Bevölkerungszusammensetzung für das Jahr 2050 zu erkennen.

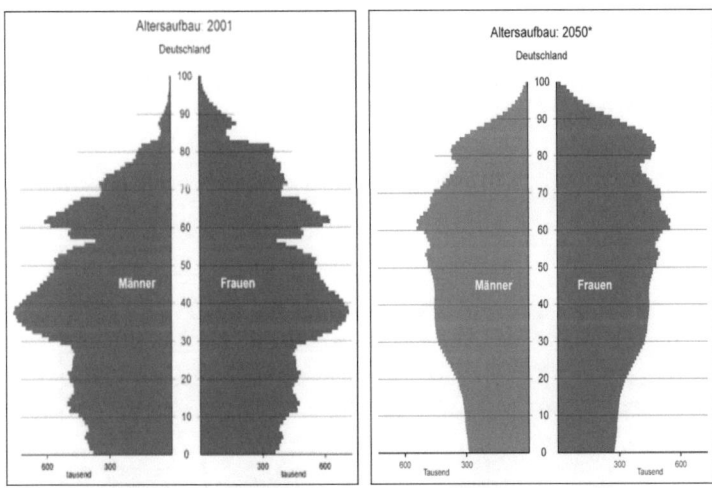

Abbildung 4: Altersaufbau der Bevölkerung 2001 und 2050[34]

Deutlich ablesbar ist hier der Übergang in eine „Altengesellschaft" bis zum Jahr 2050. Der zu erwartende überproportionale Anteil von Männern und Frauen über 60 Jahren wird laut BIB (Bundesinstitut für Bevölkerungsforschung) starke Auswirkungen auf die gesamtwirtschaftliche Lage haben, z.B. aufgrund leerer Rentenkassen.[35] Zu erkennen ist ebenso die geringe Zahl „nachwachsender" Personen.[36] Die Abbildung verdeutlicht, dass die geburtenstarken Jahrgänge der 60er und teilweise auch der 70er Jahre des letzten Jahrhunderts zu einem relativ breiten „Kopf" der Alterspyramide (2050) führen werden, welcher für die Senioren im Alter von Ende 70 bis Mitte 80 steht. Der Ende der 60er Jahre einsetzende Geburtenrückgang zeigt sich in der schwachen Belegung der Senioren von Mitte bis Ende 70.

---

[34] Quelle: http://www.destatis.de/basis/d/bevoe/bevoegra2.php
[35] vgl. Boshammer 20005 in: Lebensmittelzeitung spezial, Ausgabe 1/2005, S. 8
[36] vgl. Meffert, Backhaus, Becker 2004, S.4

Der Anstieg der Geburtenzahlen sowie eine erhöhte Zuwanderung Mitte der 70er Jahre bis Anfang der 90er spiegelt sich in der großen Anzahl der Menschen um die 60 Jahre wider.

Laut Ergebnissen des Mikrozensus[37] (Statistisches Bundesamt) vom März 2004 lebten in Deutschland 82,5 Millionen Menschen. In 2004 betrug der Anteil der Menschen ab 65 Jahren 18,6 %. Die Bevölkerung Deutschlands nach Altersgruppen stellt sich für die Jahre von 2002-2004 wie folgt dar:

Bevölkerung nach Altersgruppen				
Gegenstand der Nachweisung	Einheit	2002	2003	2004
Deutschland				
	nach Altersgruppen von ... bis unter ... Jahren			
unter 6	1 000	4 623,5	4 519,3	4 435,1
6 – 15	1 000	7 792,1	7 642,8	7 489,5
15 – 25	1 000	9 514,5	9 621,7	9 678,1
25 – 45	1 000	24 763,8	24 461,1	24 088,7
45 – 65	1 000	21 404,1	21 426,8	21 441,9
65 und mehr	1 000	14 438,8	14 860,0	15 367,5
Insgesamt	1 000	82 536,7	82 531,7	82 500,8

Tabelle 1: Bevölkerung nach Altersgruppen. Stand: 2004[38]

Als Hauptursachen der aktuell zu beobachtenden demographischen Entwicklung können im Wesentlichen zwei Größen herangezogen werden: Zum einen die steigende Lebenserwartung, bei der angenommen werden kann, dass diese in den nächsten 50 Jahren um sechs bis sieben Jahre (bei Männern auf 83 und bei Frauen auf 88 Jahre) ansteigen wird. Zum anderen der Rückgang der Geburtenzahlen sowie die Migration, d.h. der Saldo aus Zuzügen in die Bun-

---

[37] Der Mikrozensus ist die amtliche Repräsentativstatistik über die Bevölkerung und den Arbeitsmarkt in Deutschland. Er liefert statistische Informationen über die Bevölkerungsstruktur, die wirtschaftliche und soziale Lage der Bevölkerung, den Haushalts – und Familienzusammenhang u.a.

[38] Quelle: http://www.destatis.de/basis/d/bevoe/bevoetab5.php

desrepublik und Abwanderungen ins Ausland. Diese Einflussfaktoren werden nun näher erläutert.

3.1.2 Steigende Lebenserwartung

Die durchschnittliche Lebenserwartung ist in den vergangenen Jahrzehnten erkennbar gestiegen. Ein um das Jahr 1900 geborenes Mädchen hatte beispielsweise eine Lebenserwartung von ca. 48 Jahren, ein zu der Zeit geborener Junge von 45 Jahren (vgl. Abbildung 5). Für ein 1998 geborenes Kind z.B. errechnet sich eine um etwa 30 Jahre höhere Lebenserwartung (80,5 Jahre bei Mädchen bzw. 74,4 Jahre bei Jungen). Bereits gegenüber 1970 ist die durchschnittliche Lebenserwartung heute um ca. sieben Jahre höher.[39]

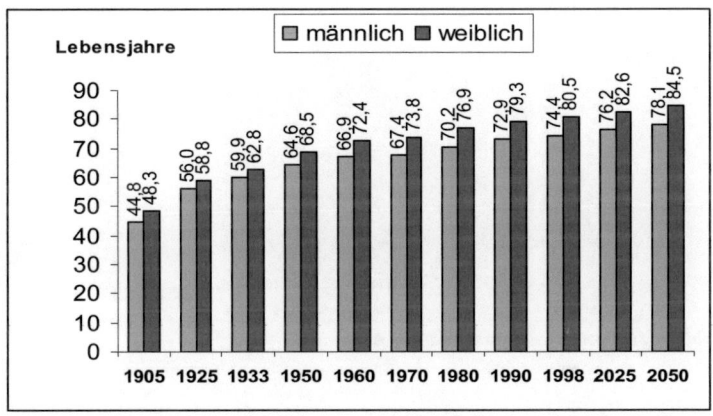

Abbildung 5: Lebenserwartung Neugeborener von 1905 bis 2050[40]

Ursache für die steigende Lebenserwartung im 20. und 21. Jahrhundert ist laut *Statistischem Bundesamt* vor allem die stark rückläufige Säuglings- und Kindersterblichkeit. Heute sterben noch vier von 1000 lebend geborenen Kindern im ersten Lebensjahr, vor 100 Jahren waren es 200, vor 30 Jahren noch 21 Kinder. Aber auch in den anderen Altersgruppen nahm die Sterbewahrscheinlichkeit kontinu-

---

[39] vgl. BM für Familie, Senioren, Frauen und Jugend (BMFSFJ) Dritter Altenbericht 2001, S. 14
[40] Quelle: http://www.destatis.de/basis/d/bevoe/bevoetab5.php

ierlich ab.[41] Dies hat zur Folge, dass der Anteil der Bevölkerung, der ein höheres Alter erreicht, stark angewachsen ist. Seit Ende der 80er Jahre erleben, nach Angaben der Sterbetafel des Statistischen Bundesamtes, mindestens 50 % der Männer und 70% der Frauen ihr 75. Lebensjahr. Noch 1970/72 waren es lediglich 39% der Männer und 60% der Frauen.[42] Zukünftige Zuwächse der Lebenserwartung sind vor allem in den höheren Altersklassen zu erwarten. Eine Frau, die heute 60 Jahre alt ist, kann durchschnittlich damit rechnen, noch 23 Jahre zu leben. Für einen 60jährigen Mann beträgt die weitere Lebenserwartung heute durchschnittlich noch 19 Jahre.[43]

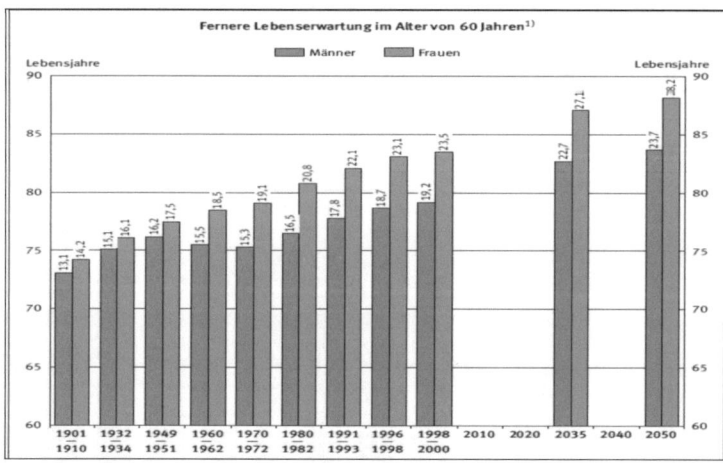

Abbildung 6: *Fernere Lebenserwartung im Alter von 60 Jahren*[44]

Gründe für die gestiegene Lebenserwartung liegen vor allem in der besseren medizinischen Versorgung/ dem medizinischen Fortschritt, einer gesünderen Ernährung sowie einem gewachsenen Bewusstsein für die gesundheitssteigernde Wirkung einer altersentsprechenden Ertüchtigung. Des Weiteren tragen die Entwicklungen in der Hygiene, der Wohnsituation sowie in den Arbeitsbedingun-

---

[41] vgl. Statischtisches Bundesamt 2003, S.14
[42] vgl. Statischtisches Bundesamt 2003, S.14
[43] vgl. BM für Soziales, Frauen und Jugend (BMFSFJ) Dritter Altenbericht 2001, S. 14
[44] Quelle: Statistisches Bundesamt 2003 (Ab 2035 Annahmen der 10. koordinierten Bevölkerungsvorausberechnung)

gen entscheidend dazu bei, dass die Menschen ein höheres Alter erreichen.[45]

3.1.3 Rückgang der Geburtenzahlen

Seit den siebziger Jahren ist die Geburtenrate rapide gesunken. Waren es damals noch 2,1 Kinder, die durchschnittlich das Licht der Welt erblickten, so ist dieser Wert heute auf 1,4 Kinder abgesunken.[46] Eine Geburtenziffer von 1,4 Kindern bedeutet, dass jede Elterngeneration nur zu etwa zwei Dritteln durch Kinder ersetzt wird. Dieser Wert reicht nicht aus, um den sterbenden Bevölkerungsteil zu ersetzen. Die Folge ist eine massive Bevölkerungsschrumpfung.[47] Um die gegenwärtige Bevölkerungszahl konstant zu erhalten, müsste eine Geburtenziffer von 2,1 Kindern erreicht werden.[48] Diese Kinder wiederum müssten selbst mindestens zwei Kinder auf die Welt bringen, um die vorangegangenen Generationen zu ersetzen.

Die Gründe für den Rückgang der Geburtenzahlen sind vielfältig, beispielsweise nennt Heeren in seiner Untersuchung aus dem Jahre 2004 folgende:

- Höherer Lebensstandard
- Ausbau des Wohlfahrtsstaates
- Wunsch nach Selbstverwirklichung
- Verbesserte Arbeitsbedingungen
- Neubewertung der Freizeit

Vor allem aber findet der Rückgang der Geburtenzahlen laut Heeren seine Ursache in der zunehmenden Teilhabe von Frauen am Erwerbsleben und einem veränderten Rollenverständnis.[49]

---

[45] vgl.Meffert, Backhaus, Becker 2004, S.2
[46] vgl. Boshammer 20005 in: Lebensmittelzeitung spezial, Ausgabe 1/2005, S. 9
[47] vgl. Meffert, Backhaus, Becker 2004, S.2
[48] vgl. Statistisches Bundesamt 2003, S.10
[49] vgl. Heeren 2004, S. 39

3.1.4 Migration

Unter Migration werden die Zuzüge in die Bundesrepublik sowie Fortzüge der deutschen Bevölkerung ins Ausland verstanden. Für die künftige Bevölkerungszahl und Altersstruktur ist hierbei die Differenz zwischen Zu- und Fortzügen (Wanderungssaldo) ausschlaggebend. Dieser Saldo lässt sich nach Angaben des Statistischen Bundesamtes jedoch kaum aus einem Trend früherer Entwicklungen ableiten.[50] Der Wanderungssaldo hängt zum einen vom Migrationspotenzial in Folge von politischen, wirtschaftlichen, demographischen und ökologischen Entwicklungen in den Herkunftsländern ab, zum anderen von der Deutschen Migrationspolitik, dem Arbeitsmarkt und der wirtschaftlichen und sozialen Attraktivität Deutschlands.[51]

Das Statistische Bundesamt nennt als Ursachen für die starken Migrationsschwankungen in Deutschland in der Vergangenheit vor allem:

- Anwerbung ausländischer Arbeitnehmer in den 50er/ 60er Jahren
- Familiennachzüge dieser Arbeitnehmer in den 70ern
- Politische Entwicklungen, wie z.B. die starke Zuwanderung deutschstämmiger Aussiedler aus Osteuropa nach dem Zusammenbruch der Sowjetunion
- Asylsuchende und Bürgerkriegsflüchtlinge

In der zehnten Bevölkerungsvorausberechnung entwickelte das Statistische Bundesamt drei verschiedene Szenarien, wie die Bevölkerungsentwicklung aufgrund von Zu- und Abwanderung im Jahr 2050 aussehen könnte:

- Szenario W1: ein jährlicher positiver Wanderungssaldo von 100.000 Personen

---

[50] vgl. Statistisches Bundesamt 2003, S.20
[51] vgl. Statischtisches Bundesamt 2003, S.20

- Szenario W2: ein jährlicher positiver Wanderungssaldo von 200.000 Personen
- Szenario W3: ein jährlicher positiver Wanderungssaldo von 200.000 Personen bis 2011, danach 300.000 pro Jahr

Annahme	jährlicher Wanderungssaldo		Kumulierte Wanderungsgewinne bis zum Jahr 2050 (Deutsche + Ausländer/-innen)
	Deutsche	Ausländer/innen	
W 1	Schrittweiser Abbau der Wanderungsgewinne von jährlich 80.000 bis zum Nullniveau im Jahr 2040	100.000	5.660.000
W 2		200.000	10.460.000
W 3		200.000 ab dem Jahr 2011 300.000	14.460.000

Abbildung 7: Annahmen zur künftigen Entwicklung der Außenwanderungen[52]

Die erwarteten Zuwanderungen können den Bevölkerungsrückgang zwar mindern, aber nicht aufhalten. Selbst bei einem prognostizierten Zuwanderungsgewinn von jährlich 200.000 Personen sagen die vom Statistischen Bundesamt vorgelegten Modellrechnungen eine Abnahme der Bevölkerung bis 2050 bis etwa 75 Millionen voraus.

---

[52] vgl. Statistisches Bundesamt 2003, S.20

	Insgesamt am Jahres- ende	Davon im Alter von...bis...Jahren			
		unter 20	20 - 59	60 und älter	
				Insgesamt	80 und älter
	Millionen	in %			
1950	69,3	30,4	55,0	14,6	1,0
1970	78,1	30,0	50,1	19,9	2,0
1990	79,8	21,7	57,9	20,4	3,8
2001	82,4	20,9	55,0	24,1	3,9
2010	83,1	18,7	55,7	25,6	5,0
2030	81,2	17,1	48,5	34,4	7,3
2050	75,1	16,1	47,2	36,7	12,1

Tabelle 2: Altersaufbau der Bevölkerung 1950 - 2050[53]

Der zahlenmäßige Bestand an Menschen in Deutschland würde sich halten lassen, wenn die Zahl der Nettoeinwanderung jährlich von jetzt etwa 150.000 schrittweise bis in Richtung 600.000 bis zur Jahrhundertmitte erhöht würde.

Wenn man jedoch verhindern will, dass sich die Altersstruktur verschlechtert, müsste man jährlich 3,5 Millionen Menschen netto einwandern lassen, was sich bis zum Jahr 2050 auf 188 Millionen summieren würde. Nur dann würden jüngere Einwanderer die Altersstruktur hierzulande konservieren.[54]

Alle Prognosen und Szenarien über die Bevölkerungsentwicklung gehen aufgrund des seit längerem stabilen Trends davon aus, dass sich die Bevölkerungszahl in Deutschland verringern wird. Seit 1950 nahm die Bevölkerung, trotz einer Phase mit Bevölkerungsrückgängen in den 70er und 80er Jahren, um rund 14 Millionen auf heute über 82 Millionen Menschen zu. Dieser Trend wird sich aller Voraussicht nach in Zukunft ändern und eine Bevölkerungsschrumpfung (die Zahl der Sterbefälle übertrifft die Zahl der Geburten und kann auch nicht durch Zuwanderung kompensiert werden) eintreten.

---

[53] Quelle: Statistisches Bundesamt 2003, S. 31 leicht verändert
[54] vgl. Birg 2006, S. 2

Die Bevölkerungsstruktur in Deutschland wird sich in Zukunft in eine spezifische Richtung entwickeln. Der prozentuale Anteil sowohl der jungen Menschen unter 20 Jahren als auch der Erwachsenen im Alter von 20 – 59 Jahren wird in den nächsten Jahrzehnten sinken. Dagegen wird die Zahl der über 60-Jährigen von heute knapp 25% der Bevölkerung in den nächsten Jahren und Jahrzehnten stark zunehmen. Eine Bevölkerungszunahme ist in den nächsten Jahrzehnten aus den oben genannten Gründen nicht zu erwarten. Aus diesem Befund wird deutlich, wie wichtig das Seniorensegment schon heute für die Unternehmen ist und in Zukunft noch mehr an Bedeutung gewinnen wird.

3.2 Einkommens- und Vermögenssituation von Senioren

Ein entscheidender Einflussfaktor der Nachfrage nach Reisen ist die finanzielle Situation von Senioren, da sie den möglichen Rahmen vorgibt, in dem Reiseausgaben getätigt werden können. Im Folgenden werden die ökonomischen und finanziellen Ressourcen der Senioren näher erläutert. Dazu sollen die verschiedenen Einkommensarten sowie die Vermögensverhältnisse näher beschrieben werden, um einen Überblick über das Kaufkraftpotential der Senioren zu erhalten. Die Vermögenssituation von Senioren ist deshalb von Bedeutung, da sie Auskunft darüber gibt, ob noch Potential für größere Konsumausgaben, wie zum Beispiel längere Reisen, vorhanden ist.

3.2.1 Leistungen aus der gesetzlichen Rentenversicherung

Eine wesentliche Einkommensquelle[55] der Senioren sind die Rentenzahlungen. Die Gesetzliche Rentenversicherung (GRV) ist die meist verbreitete Alterssicherung in Deutschland. Sie trägt zu etwa

---

[55] Einkommen bezeichnet man als das Entgelt für erbrachte Leistungen. Auch laufende Übertragungen wie Rentenzahlungen gehören zum Einkommen. Unter Einkommen wird der Zugang jener Mittel verstanden, die in einem Haushalt für letzte Zwecke verbraucht werden können, ohne dass sich dadurch das Gesamtvermögen vermindert (Deutsches Seminar für Tourismus 2002, S. 5)

zwei Drittel zum Einkommen der Rentnerhaushalte (65 Jahre und älter) bei.[56]

Im Jahr 2003 bezogen in Westdeutschland 91% der Männer und 82% der Frauen ab 65 Jahren eine eigene Rente aus der GRV, in Ostdeutschland waren es jeweils 99%. Daneben bezogen insbesondere Frauen Renten, die sich aus den Ansprüchen ihrer verstorbenen Partner ableiteten (Witwer-/ Witwenrenten).[57]

Jahr	Ingesamt	Männer	Frauen
	Anzahl		
2001	17.412.753	7.724.455	9.688.298
2002	17.677.566	7.854.509	9.823.057
2003	17.932.498	7.984.901	9.947.597
	Durchschnittlicher Rentenzahlbetrag in € pro Monat		
2001	713,28	973,44	505,85
2002	728,02	990,38	518,23
2003	734,32	995,97	524,29

Tabelle 3: Anzahl und durchschnittlicher Rentenzahlbetrag von Renten wegen verminderter Erwerbsfähigkeit und Altersrenten zum 1. Juli des jeweiligen Jahres in Deutschland[58]

Diese Tabelle verdeutlicht, dass die Anzahl der Rentner stetig zunimmt. Auch zeigt sich, dass mehr Frauen als Männer eine Rente beziehen. Der Grund dafür liegt in der höheren Lebenserwartung von Frauen, die im Todesfall des Partners unter bestimmten Voraussetzungen eine Witwenrente aus dem Rentenanspruch des Mannes geltend machen können. Ferner ist auch zu erkennen, dass Frauen eine viel geringere monatliche Rentenzahlung erhalten als Männer, was einerseits auf eine geringere Zeit der Beitragszahlung

---

[56] http://www.bmfsfj.de/Publikationen/genderreport/7-Soziale-sicherung/7-6-alterssicherung-von-frauen-und-maennern.html

[57] http://www.bmfsfj.de/Publikationen/genderreport/7-Soziale-sicherung/7-6-alterssicherung-von-frauen-und-maennern.html

[58] Quelle:Rentenversicherungsbericht 2004
URL:http://www.bmas.bund.de/BMAS/Redaktion/Pdf/Rente/rente-rentenversicherungsbericht-2004,property=pdf,bereich=bmas,sprache=de,rwb=true.pdf

(z.B. durch Kindererziehung) und andererseits auf den mindernden Abschlag bei Erhalt der Witwenrente zurückzuführen ist.

3.2.2 Bezieher von Hilfe zum Lebensunterhalt

Die Mehrheit der Senioren verfügt scheinbar über ein ausreichendes Einkommen, ein Teil jedoch gehört zur untersten Einkommensgruppe und lebt in relativer Armut.[59] Zum Jahresende 2003 erhielten 3,7 % der Haushalte Sozialhilfe.[60] Laut Armuts- und Reichtumsbericht der Bundesregierung sank die Armutsquote in der Altersklasse „65 plus" von 13,3 % im Jahr 1998 auf 11,4 % im Jahr 2003.

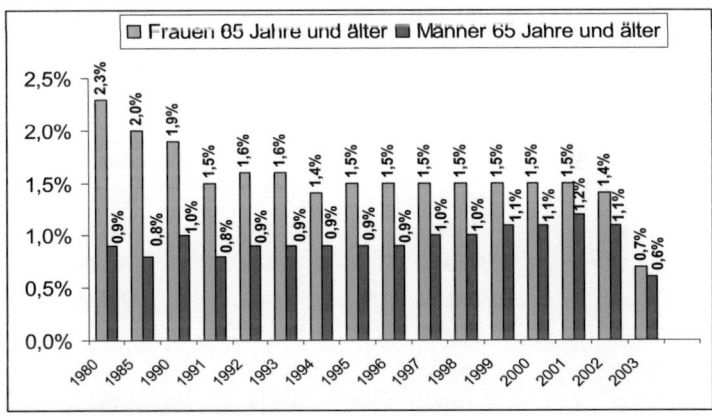

Abbildung 8: *Sozialhilfequoten der über 65-Jährigen in Deutschland (1980 bis 2003)*[61]

Die Abbildung verdeutlicht, dass in der Altersklasse der über 65-Jährigen im Jahr 2003 lediglich 0,7% der Frauen und 0,6 % der Männer Sozialhilfe bezogen. Die Gründe für den geringen Anteil an Sozialhilfebeziehern im höheren Alter liegt laut BMFSFJ zum einen an den guten Einkommens- und Vermögensverhältnissen der heutigen Seniorengeneration, zum anderen allerdings auch an der hohen

---

[59] Im Vergleich zur „absoluten Armut", welche auf Menschen bezogen ist, die unter dem Existenzminimum leben, beschreibt die „relative Armut" Unterversorgungsbereiche unterhalb des gesellschaftlichen Durchschnitts. Die Schwelle der Einkommensarmut liegt nach Empfehlungen der EU bei 50% des Durchschnittseinkommens eines Landes

[60] http://www.bmfsfj.de/Publikationen/genderreport/7-Soziale-sicherung/7-6-alterssicherung-von-frauen-und-maennern.html

[61] Quelle: Statistisches Bundesamt 2004

Hemmschwelle der Senioren, überhaupt Hilfe zum Lebensunterhalt zu beantragen, weil sie den Unterhaltsrückgriff auf ihre Kinder befürchten.[62] Von einer selbstverständlichen Armut im Alter kann heute allerdings nicht mehr die Rede sein. Nach mehreren Jahrzehnten des Wirtschaftswachstums hat sich der materielle Wohlstand erheblich vermehren können. Das „Wirtschaftswunder" ließ die Wirtschaftsleistung, die Einkommen sowie den Lebensstandard stark ansteigen.

Die Unabhängigkeit von Hilfe zum Lebensunterhalt wird auch in der folgenden Abbildung deutlich:

Alter in Jahren	Insgesamt	männlich	weiblich
unter 7	479.054	146.127	232.927
7 - 14	461.113	136.759	224.354
15 - 17	135.113	67.803	67.310
18 - 20	113.296	45.720	67.576
21 - 24	162.888	57.098	105.790
25 - 29	227.978	82.282	145.696
30 - 39	494.541	188.143	306.398
40 - 49	313.034	142.528	170.506
50 - 59	221.733	103.545	118.188
60 - 64	106.383	48.237	58.146
ab 65	188.147	53.276	134.871
Gesamt	2.903.280	1.271.518	1.631.762

Tabelle 4: Anzahl der Bevölkerung in der jeweiligen Altersgruppe an Empfängern zum Lebensunterhalt getrennt nach Geschlechtern (Stand: 31.12.1998)[63]

Benötigten im Jahre 1998 494.541 Menschen im Alter von 30 – 39 Jahren Hilfe zum Lebensunterhalt, waren es in der Altersklasse der Menschen von 60 – 64 Jahren nicht einmal 25% davon (106.383). Ältere Menschen sind überproportional selten auf staatliche Unterstützung angewiesen, wie man aus Tabelle 4 entnehmen kann. Es ist zu beobachten, dass mit steigendem Alter die Zahl der Empfänger

---

[62] vgl. BMFSFJ (Hrsg.), Ditter Altenbericht, S.35
[63] Quelle: BMFSFJ (Hrsg.), Ditter Altenbericht, S.200

sukzessiv sinkt. Grundsätzlich bleibt festzuhalten, dass „Altersarmut" im Vergleich zu anderen Bevölkerungsgruppen eher die Ausnahme ist.

3.2.3 Kaufkraft und Vermögensbestände

Die gesetzliche Rente stellt oft nicht die einzige Einkommensquelle älterer Menschen dar. Hinzu können Einkünfte aus Vermietung und Verpachtung sowie Einnahmen aus Kapitalvermögen kommen. Aus diesem Grund liegt das Gesamteinkommen der Rentner oftmals höher als die Zahlungen aus der GRV.

Einnahmen aus Vermietung und Verpachtung

Von besonderer Bedeutung für die Höhe der Einkünfte, so Heeren, ist unter anderem das in der Vergangenheit erworbene Immobilienvermögen. Einerseits ist der Seniorenhaushalt durch den Besitz von Wohneigentum von Mietzahlungen befreit, andererseits kann bei Eigentum an mehreren Immobilien das Einkommen durch Mieteinnahmen aufgestockt werden.[64]

Einnahmen aus Kapitalvermögen

Durch den Abschluss einer Lebensversicherung in jungen Jahren kann sich Geldvermögen angesammelt haben. In der *Berliner Altersstudie*[65] zeigte sich z.B. bei den 70-Jährigen und Älteren eine Quote von noch nicht ausbezahlten Lebensversicherungen von 9%. Laut dieser Studie ist die ältere Generation in den neuen Bundesländern dabei wesentlich geringer vermögend als die in den alten Bundesländern.[66]

---

[64] vgl. Heeren 2004, S.55

[65] Die Berliner Altersstudie ist eine multidisziplinäre Untersuchung alter Menschen im Alter von 70 bis über 100, die im ehemaligen Westteil Berlins leben. In der Hauptstudie (1990-1993) wurde eine Kernstichprobe von 516 Personen in 14 Sitzungen hinsichtlich ihrer geistigen und körperlichen Gesundheit, ihrer intellektuellen Leistungsfähigkeit und psychischen Befindlichkeit sowie ihrer sozialen und ökonomischen Situation untersucht.

[66] ca. 60 % der über 50-Jährigen besitzt Geldvermögen, 33% besitzen keines

Erbschaften

Die in den vergangenen Jahrzehnten aufgebauten Vermögensbestände bekommen für die gegenwärtige junge Seniorengeneration eine besondere Bedeutung. Demnach wird das vererbte Vermögen ein zusätzlicher Kapitalschub für diese Generation sein. Nach Berechnungen der Deutschen Bank werden pro Jahr in Westdeutschland ca. 100 Mrd. € vererbt. Dieses Erbvolumen setzt sich überwiegend aus Geldvermögen, Kapitallebensversicherungen sowie Immobilien zusammen.

Die überwiegende Zahl der Erben ist in der Bevölkerungsgruppe der Senioren zu finden; das Durchschnittsalter eines Erben beträgt in Deutschland 55 Jahre.[67]

Altersgruppen	Erbanteil 1997	Erbanteil 1999
25 Jahre	4%	3%
25-45 Jahre	35%	34%
45-65 Jahre	57%	60%
65 Jahre und älter	4%	3%

Tabelle 5: Erben nach Altersklassen[68]

3.2.4 Verfügbares Nettoeinkommen der Senioren

Tabelle 6 stellt die Nettoeinkommen[69] der Senioren ab 65 Jahren nach Haushaltstypen in Deutschland von 1992 bis 2003 dar.

---

[67] vgl. Heeren 2004, S.54 f.
[68] vgl. Heeren 2004, S.55
[69] Bruttoeinkommen abzüglich Steuern und Sozialversicherung

Haushaltstyp/Familienstand	Bezugsjahr				Veränderung	
	1992	1995	1999	2003	95-99	99-03
	€ je Monat					
Alle Ehepaare/ Alleinstehende	1207	1350	1451	1610	7,5%	11,0%
Ehepaare	1695	1871	1958	2159	4,6%	10,3%
Allein stehende Männer	1210	1330	1356	1476	2,0%	8,8%
Allein stehende Frauen, davon:	928	1037	1100	1171	6,1%	6,5%
- Witwen	936	1050	1122	1197	6,9%	6,7%
- Geschiedene Frauen	801	885	897	992	1,4%	10,6%
- Ledige Frauen	946	1033	1083	1145	4,8%	5,7%

Tabelle 6: *Nettoeinkommen der Senioren ab 65 Jahren in Deutschland von 1992 bis 2003*[70]

Das durchschnittliche Nettoeinkommen der Senioren im Alter ab 65 Jahren ist zwischen 1992 und 2003 um ca. 33 Prozent auf 1.610 € gestiegen.

Während Ehepaare monatlich im Durchschnitt 2.159 € zur Verfügung hatten (+27,4%), konnten allein stehende Männer ab 65 Jahren auf monatlich 1.476 € (+22%), allein stehende Frauen durchschnittlich noch auf 1.171 €

zurückgreifen (+26,2%). Insgesamt sind starke Zuwächse in allen Haushaltstypen zu beobachten.

Eine weitere Betrachtungsmöglichkeit ist der, den Senioren frei zur Verfügung stehende, finanzielle Spielraum bzw. die frei zur Verfügung stehenden Geldmittel. Die folgende Abbildung spiegelt den monatlichen finanziellen Spielraum der verschiedenen Altersklassen wider:

---

[70] Quelle: http://www.bmfsfj.de/Publikationen/genderreport/01-Redaktion/PDF-Anlagen/lit-bmgs.bund.de,property=pdf,bereich=genderreport,rwb=true.pdf

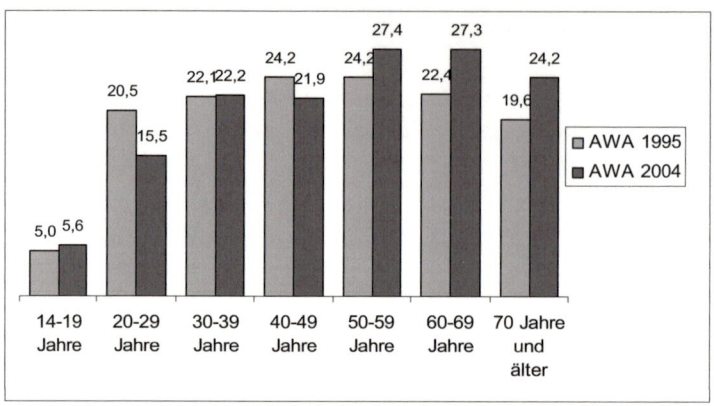

Abbildung 9: Monatlicher finanzieller Spielraum nach Alterklassen 1995 und 2004 (1000 DM/ 500 € oder mehr)[71]

Es zeigt sich, dass der finanzielle Spielraum in den Altersklassen von 50-59 Jahren (27,4%) sowie 60-69 Jahren (27,3%) am größten ist. Diese Altersklassen verfügen, zusammen mit der 70+ Altersklasse, auch über die größten Zuwächse an frei verfügbaren finanziellen Mitteln. 27,3% der Personen im Alter von 60-69 Jahren haben einen monatlichen finanziellen Spielraum von 500€ und mehr (1994:22,4%), bei den über 70-Jährigen sind es immer noch 24,2% (1994:19,6%). Im Vergleich dazu sind die frei verfügbaren Mittel der jüngeren Altersklassen teilweise gesunken.

Die vorangegangenen Ausführungen haben verdeutlicht, dass für die Mehrheit der heutigen Seniorengeneration beträchtliche Geldmittel als auch Vermögenswerte zur Verfügung stehen. Auch die zukünftige Seniorengeneration, d.h. die Menschen, die in den nächsten fünf bis zehn Jahren in den Ruhestand gehen, wird wahrscheinlich finanziell nicht schlechter gestellt sein als die heutige. Der Vermögenszuwachs der zukünftigen Seniorengeneration durch Erbschaften und auslaufende Kapitallebensversicherungen wird beträchtlich sein.

Es muss aber auch berücksichtigt werden, dass ein gewisser Anteil älterer Menschen von Armut betroffen ist und auch in Zu-

---

[71] Quelle: eigene Erstellung nach Daten der Allensbacher Markt- und Werbeträger-Analyse (AWA)

kunft sein wird, wenn auch weniger stark als andere Bevölkerungsgruppen. Im Gegensatz zu den Männern nimmt das Armutsrisiko der Frauen mit höherem Alter zu. Trotzdem liegen die Armutsquoten durchweg unter denen der Gesamtbevölkerung. Armut bei älteren Menschen darf aber nicht unterschätzt werden, da diese zumeist nicht (mehr) in der Lage sind, ihre finanzielle Lage durch Erwerbstätigkeit zu verbessern und die Armut daher von Dauer ist. Des Weiteren muss berücksichtigt werden, dass sich im Alter sehr schnell ein erhöhter Einkommensbedarf ergeben kann (z.B. durch Pflegebedürftigkeit), der nicht ohne weiteres abgedeckt werden kann.[72]

3.3 Wertewandel

Die Wertevorstellungen älterer Menschen beeinflussen das Reiseverhalten erheblich. Um verständlich zu machen, warum bestimmte Gruppen von Senioren verreisen, andere aber wiederum nicht, wird der gesellschaftliche Wertewandel näher beschrieben.[73]

Werte sind Auffassungen vom Guten sowie Wünschenswerten. Sie bestimmen die Wahrnehmungen, Bewertungen und das Handeln der Menschen und damit auch die Konsumabsichten und Kaufentscheidungen. Im Laufe der Zeit aber verändern sich diese Werte.

Traditionelle Normen und Werte, die früher das Verhalten der älteren Generation bestimmten, gelten heute zumeist als überholt.[74] Der Wertewandel muss als eine Dimension des sozialen sowie kulturellen Wandels betrachtet werden. Er bezeichnet substanzielle Veränderungen in der individuellen und gesellschaftlichen Werteorientierung (öffentliche Meinung). Er beschreibt den Übergang von der ausschließlichen Betonung materieller Werte zu einer höheren

---

[72] vgl. Leimer 1997, S.27
[73] vgl. Deutsches Seminar für Tourismus 2002, S.8
[74] vgl. Verheugen 2004, S.13

Bewertung immaterieller Aspekte[75]. Werte beschreibt der Freizeitforscher Opaschowski wie folgt:

- Werte sind bewusste oder unbewusste Vorstellungen des Gewünschten, die sich in der Präferenz bei der Wahl zwischen Handlungsalternativen niederschlagen.
- Werte sind relativ stabile, persönlichkeits-strukturell verankerte, allgemeine Vorstellungen des Wünschenswerten.
- Unter einem Wert ist die in einer bestimmten Bevölkerung wirksame Bevorzugung von Objekten, sozialen Zuständen oder Handlungen zu verstehen.[76]

Die Gründe für den Austausch traditioneller Werte, wie z.B. Pflicht- und Akzeptanzwerte, zu den „neuen" Werten, wie Selbstbestimmung und Selbstverwirklichung, liegen laut Opaschowski in politischen Elementen. Vor allem aber liegen sie im zunehmenden Wohlstand in den Industriestaaten.

Die Entwicklung der Werte im Verlauf des 20. Jahrhunderts wird in der folgenden Übersicht dargestellt:

---

[75] vgl. Deutsches Seminar für Tourismus 2002, S.8
[76] vgl. Opaschowski 1982, S.7

Kriegsgeneration geb. 1920-1940	Übergangsgeneration geb. 1941-1959	Wohlstandsgeneration geb. ab 1960
Großfamilie	Kleinfamilie	Trend zum Single
Gemeinschaftsleben	Kleingruppe	Individualisierung
Krisenerfahrung	Schaffung bleibender Werte	Wohlstandserfahrung
Sparsamkeit	Sicherung des Lebensstandards	Verschuldungsbereitschaft für den Konsum
Bildung als Privileg	Grundausbildung	Bildung als Selbstverständnis
Arbeitsethos ⟶	Arbeit, Familie als Pol ⟶	Freizeitorientierung ⟶

Abbildung 10: Wertewandel in der deutschen Bevölkerung[77]

Der Wertewandel ist ein „Phänomen" in allen modernen Industriestaaten. Wesentliche Impulsgeber für die zunehmende Bedeutung des Tourismus, aufgrund einer Veränderung der Wertevorstellungen, sind laut Freyer die abnehmende Arbeitszufriedenheit und eine neue, höhere Bewertung der Freizeit.[78] Anstelle der früheren gesellschaftlichen Ziele und „Arbeitstugenden" sind heutzutage die „neuen Freizeitwerte" getreten.

---

[77] Quelle: Heeren 2004, S. 60
[78] vgl. Deutsches Seminar für Tourismus 2002, S.8

Traditionelle Arbeitstugenden	Neue Freizeitwerte
Zielsetzungen Leistung/ Erfolg/ Anerkennung Besitz/ Eigentum/ Vermögen	**Zielsetzungen** Spaß/ Freude/ Lebensgenuss Sozialkontakte/ Mit anderen zusammen sein/ Gemeinsamkeit
Fähigkeiten Fleiß/ Ehrgeiz Disziplin/ Gehorsam Ordnung/ Pflichterfüllung	**Fähigkeiten** Selbermachen/ Selbst-Aktiv-Sein Spontaneität/ Selbstentfaltung Sich entspannen/ Wohlfühlen
Traditionelle Arbeitstugenden	**Neue Freizeitwerte**
Zielsetzungen Leistung/ Erfolg/ Anerkennung Besitz/ Eigentum/ Vermögen	**Zielsetzungen** Spaß/ Freude/ Lebensgenuss Sozialkontakte/ Mit anderen zusammen sein/ Gemeinsamkeit
Fähigkeiten Fleiß/ Ehrgeiz Disziplin/ Gehorsam Ordnung/ Pflichterfüllung	**Fähigkeiten** Selbermachen/ Selbst-Aktiv-Sein Spontaneität/ Selbstentfaltung

Abbildung 11: Alte und neue gesellschaftliche Werte[79]

Die heutigen Senioren sind lebens- und unternehmungslustiger, als es ihre Eltern im gleichen Alter gewesen sind. Aber auch die Wertvorstellungen der heutigen Senioren unterscheiden sich von denen der durchschnittlichen Bevölkerung. Die ältere Bevölkerung ist mit traditionellen Werten, wie Pflichtbewusstsein und Bereitschaft zum Verzicht, aufgewachsen. Diese stehen im Gegensatz zu den gegenwärtigen Werten, wie Lebensgenuss und Selbstverwirklichung. Tabelle 7 zeigt die Werte, die der deutschen Bevölkerung ab 14 Jahren im Allgemeinen sowie den Senioren im Besonderen wichtig und erstrebenswert erscheinen:

---

[79] Quelle: Freyer 1995, S.19

	Ab 14 Jahre	60-69 Jahre	Über 70 Jahre
Sicherheit, Geborgenheit	74,8	78,2	79,3
Recht und Ordnung	72,5	82,4	86,5
Reinlichkeit	65,8	77,5	84,0
Familienorientierung	55,1	63,8	63,3
Sparsamkeit	45,5	63,5	72,2
Christlicher Glaube	22,7	33,4	48,5

Tabelle 7: *Werteorientierungen von Senioren (in %)*[80]

Für die über 60-Jährigen sind Werte wie Recht und Ordnung am wichtigsten. Aber auch Sicherheit, Geborgenheit und Familienorientierung stellen wichtige Werte für diese Personengruppe dar. Doch obwohl diese „traditionellen" Werte für die Älteren Menschen noch immer eine wesentlichere Rolle spielen als für die Jüngeren, beeinflussen mit gestiegenem materiellem Wohlstand auch immaterielle Werte (z.B. die Freizeitgestaltung) das Leben der älteren Bevölkerung zunehmend.

3.4 Freizeitverhalten der Senioren

Da der Wertewandel alle Bevölkerungsgruppen erfasst, verändern zwangsläufig nicht nur die jüngeren Generationen ihre Prioritäten, sondern auch die älteren Generationen adaptieren zunehmend die Verhaltensweisen der Jüngeren. Die Freizeit erhält auch bei den Senioren einen zunehmenden Stellenwert.

Vor allem die Lebensgestaltung nach der Erwerbszeit ist für viele Senioren von großer Bedeutung. Das Verhalten im Ruhestand ist, wie es früher oftmals der Fall war, keineswegs mehr durch Rückzug, Abfindung mit der Großelternrolle und gesellschaftlicher Passivität geprägt. Die bisher im Leben entwickelten Aktivitäten werden mit Eintritt in den Ruhestand beibehalten und sogar noch ausgeweitet, so Heeren. Viele Senioren betrachten den Eintritt in den Ruhestand daher als Möglichkeit, sich mit den im mittleren Alter lieb gewonnenen Aktivitäten intensiver zu beschäftigen.[81]

---

[80] Quelle: Leimer 1997, S.31
[81] vgl. Heeren 2004., S.62

Ein Großteil der Senioren im Ruhestand nutzt die neu gewonnene freie Zeit, wie die folgende Abbildung verdeutlicht:

Freizeitaktivitäten	Berufstätige	Rentner
	Was würden Sie als Rentner gerne machen?*	Wie verbringen Sie Ihre Zeit?*
Reisen	77%	46%
Ein Hobby intensiv betreiben oder neu beginnen	60%	37%
Mit anderen zusammenkommen	53%	49%
Sich um die Kinder, die Enkel kümmern	52%	61%
Mehr lesen	50%	57%
Sich um den Garten, das Haus kümmern	48%	62%
Etwas für die Gesundheit tun, zur Kur fahren	47%	57%
Sport treiben	12%	46%
Mehr wandern, Spazieren gehen	39%	13%
In Konzerte, ins Theater, in die Oper gehen	38%	21%
Museen, Ausstellungen besuchen	30%	18%
In einem Verein Aktiv sein/ werden	27%	23%

* Mehrfachnennungen möglich

Abbildung 12: Freizeitgestaltung im Alter[82]

Da die Freizeit bei den Senioren im Ruhestand einen wesentlichen Teil im Leben ausmacht, wollen sie diese auch sinnvoll gestal-

---

[82] Quelle: Gugg/ Hank- Haase 1997, S.17

ten. Im Alter muss die Freizeit laut Freyer zusätzlich noch die Funktionen des ehemaligen Berufes übernehmen, und sie wird somit zu einer „Quelle der Selbstachtung und der Achtung anderer" sowie zu einer „Quelle der regelmäßigen Gestaltungsmöglichkeiten des Alltags". Die Freizeit ist ein Lebensbereich, der eng mit dem Menschen und seiner Situation verknüpft ist.[83] Neben der häufigsten Freizeitbeschäftigung, dem Medienkonsum, treiben Senioren gerne Sport, Lesen gerne, gehen wandern, spazieren und besuchen Theatervorstellungen sowie Konzertveranstaltungen. Vor allem aber, so Artho, verfügen die heutigen Senioren über eine ausgeprägte Reiselust.[84]

3.5 Reisen als Freizeitbeschäftigung

Die Freizeit gewinnt durch den Urlaub bzw. das Reisen eine eigene Qualität. So wird Urlaub von den älteren Menschen nicht als Problem, sondern ganz im Gegenteil als Abwechslung zu der sonstigen Routine gesehen. In den Industrienationen besteht eine hohe gesellschaftliche Erwartung an das Freizeitverhalten, denn Reisen ist zu einer gesellschaftlichen Notwendigkeit geworden. Laut Freyer muss vielmehr der Nichtreisende begründen, warum er nicht verreist, als dass der Reisende dieses tun muss.[85] Das Reisen ist heute zu einem festen Bestandteil des gesellschaftlichen Freizeitverhaltens geworden. In den Industrieländern hat sich ein Urlaubsverhalten entwickelt, das nahezu alle Mitglieder der Gesellschaft in seinen Bann gezogen hat und dem sich nur wenige entziehen können.[86] Interessante Urlaubsreisen sind für das Lebensgefühl der Älteren in Deutschland von besonderer Bedeutung. Nach einer Studie der *Verlagsgruppe Bauer* ist Reisen für 55,9% der Senioren aus den alten und 57,7% aus den neuen Bundesländern wichtig bzw. besonders wichtig.[87]

---

[83] vgl. Artho 1996, S.115
[84] vgl. Artho 1996 S.117
[85] vgl. Freyer 2004, S.63
[86] vgl. Freyer 2004, S.63
[87] vgl. Bauer 1993, S. 36

4 Situationsanalyse des deutschen Seniorenreisemarktes

Im folgenden Kapitel werden zunächst die Grundlagen und -begriffe des Tourismus erläutert und ein kurzer Überblick über die Entwicklung des deutschen Reisemarktes gegeben. Anschließend wird die Angebots- und Nachfrageseite von touristischen Dienstleistungen für Senioren näher beschrieben und aktuelle Daten zum Seniorenreisemarkt vorgestellt.

4.1 Grundlagen des Tourismus

Der Tourismus ist in seiner heutigen Form eine relativ junge Erscheinung, allerdings mit einigen älteren Wurzeln. Von den Anfängen des Tourismus bis hin zu seiner heutigen Form hat es gravierende Veränderungen gegeben. Bis ca. Mitte des 19. Jahrhunderts wurde das Reisen als „meist beschwerlich, ein notwendiges, anstrengendes Übel" zum Zwecke des Handels, der Eroberung und der Bildung angesehen.[88]

Die allgemeingültige Definition des Tourismus wird von der *Welttourismusorganisation* (WTO) als „Aktivitäten von Personen, die an Orte außerhalb ihrer gewohnten Umgebung reisen und sich dort zu Freizeit-, Geschäfts- oder bestimmten anderen Zwecken nicht länger als ein Jahr ohne Unterbrechung aufhalten"[89] beschrieben. Demnach zählen zum Tourismus nicht nur private Reisen, sondern auch Dienst- und Geschäftsreisen. Auch Tagesreisen, die nicht mit einer Übernachtung verbunden sind, werden in die Definition des Tourismus mit einbezogen. Dienst- und Geschäftsreisen werden in dieser Untersuchung nicht näher betrachtet, da es hier thematisch um Senioren geht, die sich bereits im Ruhestand befinden bzw. aufgrund gesundheitlicher Einschränkungen nicht mehr berufsfähig sind.

Die weltweit erste Pauschalreise wurde 1841 von Thomas Cook veranstaltet. Es handelte sich hierbei um eine Bahnreise in England

---

[88] vgl. Freyer 2004, S. 6
[89] Freyer 2004, S. 5

von Leicester in das zehn Kilometer entfernte Loughborough, welche als Abstinenzlerreise galt, um die Menschen vom Laster des Alkohols abzulenken.[90] In Deutschland hat sich der Tourismus erst später entwickelt. Im Jahr 1863 wurde das erste Reisebüro in Breslau eröffnet, das im Jahr 1878 die erste Weltreise veranstaltete.

Touristische Reisen sind äußerst vielfältig und werden nach verschiedensten Kriterien unterteilt:

Kriterium	Entfernung	Dauer	Verkehrmittel
Beispiele	Inlandsreisen Auslandsreisen Europareisen Überseereisen Fernreisen	Tagesreisen Wochenendreisen Kurzreisen Urlaubsreisen Langzeitreisen	Radreisen Autoreisen Busreisen Bahnreisen Schiffsreisen Flugreisen
Kriterium	Motiv	Gepäckstück	Kosten
Beispiele	Erholungsreisen Geschäftsreisen Bildungsreisen Sportreisen Kulturreisen Kurreisen	Rucksackreisen Kofferreisen Aktentaschen-Tourismus	Billigreisen Exklusivreisen

Abbildung 13: Kriterien touristischer Reisen[91]

4.1.1 Bedeutung des Tourismus

Der Tourismus ist heute zu einem wichtigen gesellschaftlichen und wirtschaftlichen Faktor geworden. Die jährliche Urlaubsreise ist für die überwiegende Zahl der Deutschen schon fast zu einer Selbstverständlichkeit geworden. Zugenommen hat auch die Zahl der Zweit- und Drittreisen pro Jahr. Im Rahmen des gesellschaftlichen Wertewandels, hin zu einer vermehrten Freizeitorientierung, bekommen Freizeit und Urlaub für die Bürger eine immer stärkere Bedeutung und der „Wirtschaftsfaktor Tourismus" erhält ein zunehmend größeres ökonomisches Gewicht.

---

[90] vgl. Freyer 2004, S. 6
[91] Quelle: eigene Erstellung in Anlehnung an Freyer 2004, S.5

Berechnungen auf nationaler sowie internationaler Ebene stellen den Tourismus auf eine Ebene mit den wichtigsten Branchen der Volkswirtschaft.[92] Zu Recht gilt der Fremdenverkehr als eine der größten Wachstumsbranchen unserer Zeit. Seit den sechziger Jahren erlebte der Tourismus einen enormen Aufschwung. Allein in der Europäischen Union schuf der Tourismussektor mehr als 22 Millionen Arbeitsplätze und erbringt zurzeit knapp ein Drittel der europäischen Dienstleistungsexporte. Global erwirtschaftete der Tourismussektor nach Angaben der WTO im Jahr 2002 mehr als 40 Billionen Euro. Dies entsprach gut 10% des weltweiten Bruttosozialproduktes/Bruttoinlandsproduktes. Keine andere Industrie konnte ein vergleichbares Ergebnis verbuchen. Diese Zahlen sowie zahlreiche Untersuchungen von Freizeitverhalten, Einkommensentwicklung und Veränderung der Lebensgewohnheiten lassen auch weiterhin Wachstumspotentiale erwarten. Besonders die Reiselust der Deutschen trägt maßgeblich zum Erfolg dieser Branche bei.[93]

Die heutige Form des Reisens, die üblicherweise als „Massentourismus" bezeichnet wird, ist Gegenstand der weiteren Ausführungen dieser Untersuchung. Der Massentourismus begann in den Jahren nach dem zweiten Weltkrieg und stand im engen Zusammenhang mit dem Wirtschaftsaufschwung der Nachkriegszeit. Höhere Einkommen, mehr Freizeit und neuere Transportmittel waren wichtige Voraussetzungen für einen enormen Aufschwung des Fremdenverkehrs.

Neben den klassischen Merkmalen des Tourismus (temporärer Ortswechsel und Aufenthalt außerhalb des ständigen Wohnsitzes) wird der gegenwärtige Tourismus in der Fachliteratur vor allem durch sein seit etwa 150 Jahren verändertes Reisemotiv bestimmt. Das Motiv einer Reise liegt heute vor allem in der Möglichkeit einer sinnvollen Freizeitgestaltung.

---

[92] vgl. Destatis 2003, S.21
[93] vgl. Heeren 2004, S.65

4.1.2 Entwicklung des Tourismus in Deutschland

Ende der fünfziger Jahre gewannen, durch wohlstandsbedingte Veränderungen, das Auto und vor allem das Flugzeug als Reisemittel an Bedeutung. Sie lösten die öffentlichen Verkehrsmittel (Bus und Bahn) als Reisemittel und Deutschland als bevorzugtes Reiseziel ab. Verbrachten bis Ende der fünfziger Jahre ca. 90% der Deutschen ihren Urlaub im eigenen Land, bekamen Destinationen im Ausland durch die Möglichkeit, mit dem Flugzeug zu verreisen, einen ganz neuen Stellenwert. Der aufkommende Luftverkehr löste einen Trend zu individuelleren und anspruchsvolleren Reisen, spontanen Reiseentscheidungen sowie Reisen in sonnige Fernreiseziele aus. Diese waren bis dahin nur beschwerlich oder überhaupt nicht zu erreichen. [94]

4.2 Angebote an Seniorenreisen

Das touristische Angebot kann als Bereitschaft der Betriebe im Tourismussektor beschrieben werden, eine Fremdenverkehrsleistung zu einem bestimmten Preis anzubieten. Es beinhaltet das Angebot an Beherbergung, Verpflegung, Beförderung, Vermittlungsleistung, Reiseleitung sowie ergänzende Produkte und Dienstleistungen der Tourismuswirtschaft.[95]

Die folgende Abbildung beschreibt das Zusammenspiel der touristischen Teilleistungen am Heimatort, unterwegs und am Zielort:

---

[94] vgl. Rudolph 1999, S.136
[95] vgl. Freyer 2006, S.122

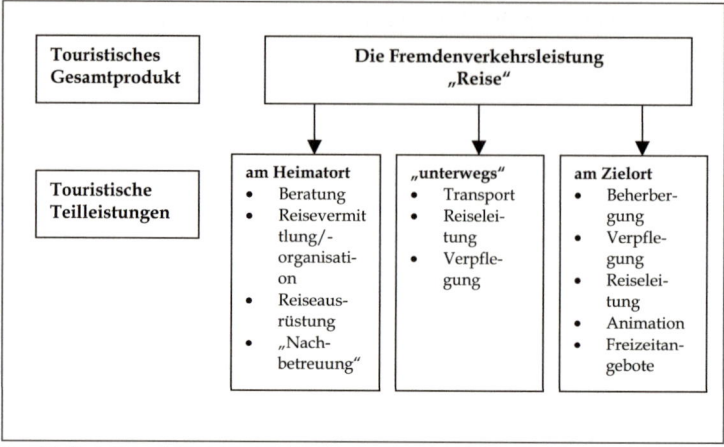

Abbildung 14: Fremdenverkehrsleistungen[96]

Mit „Angebote an Seniorenreisen" sind im Folgenden Reiseangebote gemeint, die sich speziell an Senioren wenden bzw. verstärkt von Senioren in Anspruch genommen werden. Diese Angebote müssen aber nicht ausschließlich auf Senioren ausgerichtet sein. Das typische Angebot einer Seniorenreise ist eines, durch das der Senior als solcher angesprochen und direkt beworben wird. Diese Angebote werden als „spezielle Seniorenreiseangebote" vorgestellt. Reiseangebote, die an den Bedürfnissen älterer Menschen ausgerichtet sind, bei denen die Senioren aber nicht direkt angesprochen werden (hierbei handelt es sich um die überwiegende Mehrheit an Angeboten), werden als „Reiseangebote für Senioren" vorgestellt. Hierzu zählen auch Angebote, die andere Personengruppen ansprechen, aber überdurchschnittlich häufig von Senioren frequentiert werden, wie z.B. Single- und Städtereisen.[97]

Die folgende Übersicht enthält mögliche Angebotsformen von Seniorenreisen, welche anschließend näher erläutert werden:

---

[96] Quelle: Leimer 1997, S.45
[97] vgl. Leimer 1997, S.44

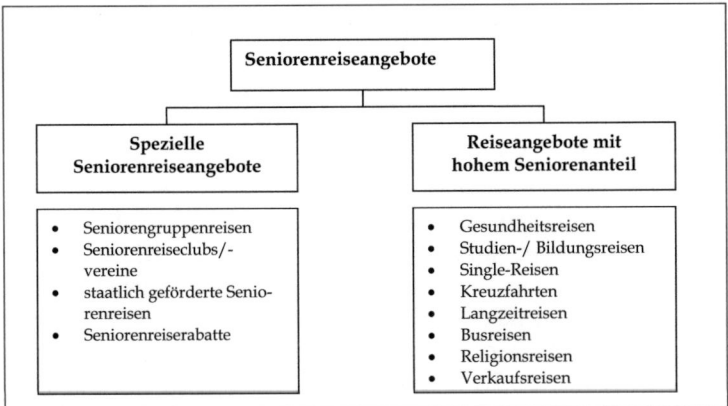

Abbildung 15: Angebotsformen von Seniorenreisen[98]

4.2.1 Spezielle Seniorenreiseangebote

Viele Reiseveranstalter verzichten aufgrund negativer Erfahrungen mit Seniorenprogrammen auf das Angebot von speziellen Seniorenreisen. Dies hängt damit zusammen, dass die Senioren Reisen mit Gleichaltrigen häufig als Isolation betrachten. Heutzutage bieten überwiegend kirchliche oder gemeinnützige Organisationen auf kommunaler Ebene noch spezielle Seniorenreisen an.[99] Nachfolgend werden unter Einbeziehung einzelner Anbieter verschiedene Seniorenreiseangebote sowie Zusatzangebote beispielhaft aufgeführt, um einen Überblick über die Angebotslage zu ermöglichen.

Seniorengruppenreisen

Der Reiseveranstalter *Hapag–Lloyd* veranstaltet seit 1992 spezielle Seniorentreffen, zumeist in südeuropäischen Ländern. Zum Konzept dieses Anbieters zählen z.B. sehr gute Hotels mit vielen Einzelzimmern, ein spezielles Fitness- und Unterhaltungsprogramm, Wanderungen, Tanzveranstaltungen und Tennisturniere. Des Weiteren werden häufig spezielle Ernährungs- und Weiterbildungskurse angeboten. Serviceleistungen, wie Gepäckservice, Hilfe beim Ein-

---

[98] Quelle: Leimer 1997, S.44
[99] vgl. Deutsches Seminar für Tourismus 2002, S.70

checken, ärztliche Betreuung etc., sind ebenfalls in den Programmen enthalten.[100]

Seniorenreisevereine

Der *„Reiseclub für Senioren e.V."* arbeitet mit unterschiedlichen Senioren-Organisationen zusammen. 1994 nahmen bereits 100.000 Personen an den angebotenen Reisen teil. Es werden jährlich mehr als 100 Reiseziele in über 30 Ländern auf vier Kontinenten angeboten, als Beispiele sind hier Kreuzfahrten, Wanderwochen und Treffen von Seniorenchören zu nennen. Ärzte sowie Pflegepersonal gehören zur Reiseleitung. Es finden vor Beginn der Reise Veranstaltungen statt, die der Vorbereitung auf die Reise sowie der Information über Reiseziele dienen. Im Vorfeld der Reisen werden oftmals auch Sprachkurse zu der jeweiligen Landessprache angeboten.[101]

Staatlich geförderte Seniorenreisen

Das *Bundesministerium für Familie, Senioren, Frauen und Jugend* (BMFSFJ) bietet in einem Katalog über Seniorenreisen Urlaub in Familienferienstätten an. Diese werden staatlich gefördert und sind daher preisgünstige Angebote. Hier werden z.B. Dreigenerationenurlaube für Senioren angeboten, die ihre Kinder und Enkelkinder nur in der Ferienzeit sehen können. Von einer kirchlichen Trägerschaft wird oft auch ein seelsorgerisches Angebot bereitgestellt. Die Unterkünfte bieten zumeist Vollpension (auch mit Diät- oder Sonderkostformen) an.[102]

Seniorenreiserabatte

Um Senioren einen größeren Anreiz zum Reisen zu geben, werden häufig finanzielle Vergünstigungen im Bereich Bus-, Bahn- und Flugverkehr gewährt. Dies hat auch zum Ziel, freie Kapazitäten in der Nebensaison auszulasten. Hier ist z.B. die „Bahncard Senior"

---

[100] vgl. Leimer 1997, S.47 f.
[101] vgl. Deutsches Seminar für Tourismus 2002, S. 71 f.
[102] vgl. Leimer 1997, S.72

für Personen ab 60 Jahren zu nennen.[103] Vergünstigungen im Bereich der Beherbergung werden z.B. auf Zimmer- und Menüpreise gewährt.

4.2.2 Reiseangebote mit hohem Seniorenanteil

Reisen, die einen hohen Seniorenanteil aufweisen, werden auch von anderen Altersgruppen wahrgenommen. Die folgenden Beispiele sind nur einige der am häufigsten von Senioren wahrgenommenen Reiseangebote von Reiseveranstaltern.

Gesundheitsreisen

Der Präventiv- und Gesundheitstourismus ist besonders wichtig für ältere Reisende, da diesen Bereichen mit zunehmendem Alter ein besonderer Stellenwert zukommt. Hierbei handelt es sich z.B. um ärztlich verordnete Kuren, um Rehabilitationen nach Krankheiten oder um Änderungen in der Lebensführung. Gesundheitsorientiertes Reisen kann als eine Verknüpfung von Erholungs- und Gesundheitsmotiven gesehen werden und wird oftmals als Zweiturlaub gebucht. Beispiele für die breite Angebotspalette bei Gesundheitsreisen sind:

- Reisen für Herz-/ Kreislaufkranke und deren Partner (mit ärztlicher Betreuung, Oecotrophologen, Bewegungstherapeuten).
- Kur- und Erholungsprogramme für Senioren (mit Gepäck- und Abholservice, Schon-/Diätkost, Sportangebote für Senioren, Ernährungskurse).[104]

---

[103] http://www.db.de/site/bahn/de/reisen/fahrkarten/bahncard/bahncard.html
[104] vgl. Leimer 1997, S.73

Studien- und Bildungsreisen

Studien- und Bildungsreisen[105] haben in den letzten Jahren an Bedeutung gewonnen und sind zu einem der wichtigsten Spezialmärkte der Reiseveranstalter geworden. Außer den Spezialreiseveranstaltern von Bildungsreisen bieten kirchliche Träger, Bildungsorganisationen und Volkshochschulen diese Form von Reisen an, die sich u.a. auch an Senioren richtet. Bei Studienreisen kommt der Reiseleitung nach Angaben des *Deutschem Seminar für Tourismus* eine herausragende Rolle zu, da hier großer Wert auf die Qualität der Betreuung und Information gelegt wird, die bevorzugt von Senioren als ein wichtiges Kriterium bei der Buchung von Reisen angesehen wird.[106]

Single-Reisen

Reiseveranstalter bieten zumeist keine speziellen Angebote für Alleinreisende an, jedoch gerade ältere Menschen reisen häufig alleine. Diese fühlen sich dadurch häufig ausgegrenzt. Für das Segment der Single-Reisen existieren jedoch einige Nischenanbieter, die auf diesem Markt auch sehr erfolgreich sind. Besonders geeignet für Alleinreisende sind folgende Angebote:

- Hobbykurse
- Geführte Wanderungen
- Sport- und Fitnessangebote
- Abende mit Unterhaltungsprogramm
- Gemeinsame Oper- und Theaterbesuche[107]

---

[105] eine Studienreise wird nach Mundt definiert als eine Reise mit begrenzter Teilnehmerzahl (in der Regel 10-30 Teilnehmer), festgelegtem Reisethema sowie Reiseverlauf und deutschsprachiger, fachlich qualifizierter Reiseleitung (Mundt 1994, S.216)
[106] vgl. Deutsches Seminar für Tourismus 2002, S. 74
[107] vgl. Leimer 1997 S. 53

Kreuzfahrten

Passagiere auf Kreuzfahrten[108] müssen sich um viele Dinge nicht kümmern (z.B. Verpflegung, Organisation von Ausflügen), was vor allem älteren Menschen entgegenkommt. Auch die Anreise und der Gepäcktransport sind zumeist vom Veranstalter organisiert. Für Unterhaltung an Bord ist durch Animationsprogramme gesorgt und durch die Nähe zu anderen Menschen an Bord bieten sich viele Möglichkeiten zum Kennen lernen und zu gemeinsamen Gesprächen. Oft gibt es einen Schiffsarzt und weiteres medizinisches Personal. Das Durchschnittsalter der Passagiere liegt bei über 60 Jahren, höhere Bildungsabschlüsse sind ebenso die Regel wie ein überdurchschnittliches Einkommen.[109]

Langzeitreisen

Langzeitreisen dauern in der Regel zwischen sechs und zwölf Wochen. Zahlreiche Veranstalter bieten Langzeitreisen in der Nebensaison an, um in dieser Zeit freie Kapazitäten auslasten und Personal in dieser Zeit halten und bezahlen zu können. Oftmals werden Ziele in wärmere Länder, z.B. nach Mallorca, angeboten. Die Angebote richten sich speziell an Senioren, da diese aufgrund körperlicher Beschwerden der kalten Jahreszeit hierzulande entfliehen wollen und auch die nötige Freizeit für einen längeren Aufenthalt haben. Überwinterungs-Urlaubsorte sind auf die Bedürfnisse der Senioren eingestellt, zum Beispiel durch Animationsprogramme für Senioren, spezielle Kursangebote sowie medizinische Betreuung.[110]

Busreisen

Das Angebot der Busreiseveranstalter umfasst überwiegend Leistungen im Bereich Rund- und Studienreisen, Städtereisen, Clubreisen und Gruppenreisen. Busreisen werden überwiegend für Zweiturlaubsreisen, Kurzreisen und für den Ausflugsverkehr genutzt.

---

[108] Eine Kreuzfahrt ist eine Kombination aus den beiden Grundelementen Schiff und Route. Fahrt und Unterkunft auf dem Schiff machen das Besondere einer Kreuzfahrt aus, bei der man sein „Hotel" quasi mit auf Reisen nimmt (Mundt 1994, S.247 f.)
[109] vgl. Mundt 1994, S.256
[110] vgl. Leimer 1997, S. 54 f.

In den letzten Jahren profitiert vor allem der Busreiseverkehr von der verstärkten Reisetätigkeit der Senioren. Spezielle Busreiseangebote für Senioren sind z.B.:

- Busreisen als Kurz- und Wochenendreisen
- Weinreisen, Theater- und Musikreisen
- Seniorenchorreisen
- Busreisen für Rollstuhlfahrer
- Erlebnisreisen für jüngere Senioren, bei denen der Bus auch als Hotel dient (mit Schlafkabinen, Bordküche).[111]

Religionsreisen

Zum Religionstourismus gehören Pilgerfahrten zu Wallfahrtsorten im Nahbereich als auch Fernreisen, z.B. nach Rom, Israel und Lourdes. Diese Form des Reisens wird nach Leimer insbesondere von älteren Menschen wahrgenommen, da der Stellenwert von Kirche und Religion bei ihnen höher ist als bei jüngeren Generationen. Anbieter dieser Reisen sind überwiegend kirchliche Träger wie Bistümer, Pfarrgemeinden und kirchliche Vereine.[112]

Verkaufsreisen

Verkaufsreisen sind meist ein- oder mehrtätige Reisen (auch zu weiter entfernten Destinationen), die zum Zweck des Konsumgüterabsatzes veranstaltet werden. Anbieter sind oftmals Handelsunternehmen, die mit erfahrenen Reiseveranstaltern zusammenarbeiten. Die Waren, die dabei verkauft werden sollen, sind oftmals auf die speziellen Bedürfnisse von Senioren ausgerichtet, so z.B. Heizkissen und Wolldecken. Die Fahrten werden in der Regel zum Selbstkostenpreis angeboten, wodurch sich diese Reisen durch einen besonders günstigen Preis auszeichnen.[113]

---

[111] vgl. Deutsches Seminar für Tourismus 2002, S. 75 f.
[112] vgl. Leimer 1997, S. 55 f.
[113] vgl. Deutsches Seminar für Tourismus 2002, S. 76

Erholungs- und Erlebnisreisen

Erholungsreisen für ältere Menschen werden meist im Rahmen von Gesundheitsreisen angeboten. Im Angebot enthalten sind z.B. Wanderungen, Gymnastik, Tanz, Spiel und weitere Aktivitäten. Anders als bei den Erholungsreisen wird bei den Erlebnisreisen für Senioren (z.B. Seniorentrekking) eine bestimmte Leistungsfähigkeit vorausgesetzt. [114]

4.2.3 Merkmale von Seniorenreiseangeboten

Abschließend werden, aufbauend auf den Beispielen für Angebote an Seniorenreisen, die Merkmale aufgezählt, die typisch für Reiseangebote für Senioren sind:

- Ärztliche/medizinische Betreuung auf Reisen
- Deutschsprachige Reiseleitung
- Hilfe bei organisatorischen Dingen
- Mischung aus Erleben und Erholen
- Guter Komfort und mildes Klima
- Einzelzimmer für Alleinreisende
- Spezielle Verkostung (Diät-, Schon-, Diabetikerkost)
- Auf Senioren zugeschnittenes Rahmenprogramm
- Finanzielle Vergünstigungen für Senioren
- Mitnahme von Begleitpersonen zu günstigen Konditionen

4.3 Die Nachfrage nach Seniorenreisen

Der Preis eines Produktes bzw. einer Ware, aber auch das zur Verfügung stehende Einkommen hat (bei rational denkenden und handelnden Menschen) Einfluss auf das Nachfrageverhalten. Ökonomische Determinanten haben für die Tourismusnachfrage allerdings eine weniger wichtige Bedeutung als z.B. das Image des Reise-

---

[114] vgl. Deutsches Seminar für Tourismus 2002, S. 76 f.

landes, die Art der Reise (Urlaub, Bildung) und viele individuelle und subjektive Einflussfaktoren.[115]

Hebestreit teilt die *touristischen Nachfragekriterien*[116] in folgende drei Gruppen ein: Soziodemographische Nachfragekriterien, Kriterien der Reisemotivation sowie Kriterien des Reiseverhaltens:

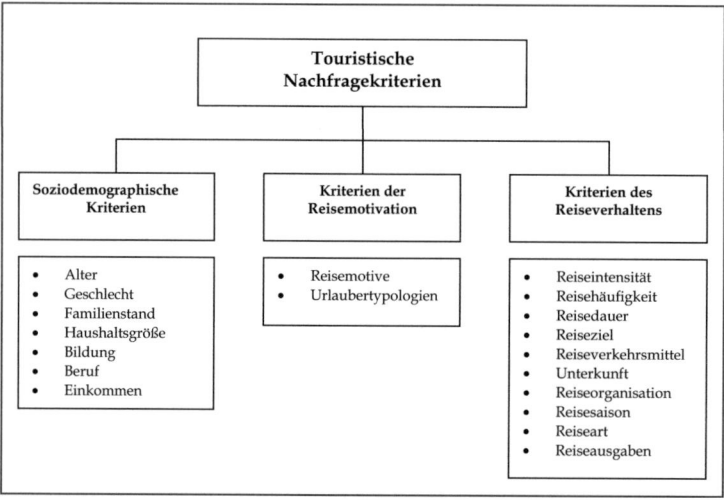

Abbildung 16: Touristische Nachfragekriterien[117]

Zu den soziodemographischen Nachfragekriterien gehören z.B. Einkommen und Familienstand. Mit höherem Einkommen, so formuliert Leimer, steigt die touristische Nachfrage und mit sinkendem Einkommen fällt sie. Auch der Familienstand hat Einfluss auf die touristische Nachfrage. Ledige verreisen am häufigsten, gefolgt von den Verheirateten. Familien mit Kindern nutzen am intensivsten die Angebote des Pauschalreisemarktes. Die höchste Reisefreu-

---

[115] vgl. Freyer 2006, S.67
[116] Nachfragebestimmende Kriterien werden ermittelt, um Beziehungen und Zusammenhänge zwischen den einzelnen Faktoren erkennen zu können sowie Grundlagen für die Gestaltung und den Einsatz von Marketinginstrumenten zu erhalten und Prognosen für das zukünftige Nachfrageverhalten ableiten zu können. (Hebestreit 1992, S.123)
[117] Quelle: eigene Erstellung (in Anlehnung an Hebestreit 1992, S.124 f.)

digkeit haben Dreipersonenhaushalte, die geringste Einpersonenhaushalte. Auf alle Altersgruppen bezogen verreisen mehr Männer als Frauen. Bei Pauschalreisen sind Frauen leicht überrepräsentiert.[118]

Die Erklärungen der Forscher für die Zunahme der Reisefreudigkeit der Senioren sind vielfältig. Gründe sind sowohl eine solidere finanzielle Ausstattung als auch der verbesserte Gesundheitszustand der Senioren. Qualitativ zunehmende soziale und medizinische Bedingungen haben dazu geführt, dass die heutigen Senioren länger körperlich und geistig aktiv bleiben können. Die Menschen erreichen heute zu großen Teilen ein hohes Lebensalter. Auch eine umfassende hedonistische Lebenseinstellung sowie die steigende Vitalität lassen die Senioren von heute nicht mehr passiv auf ihr Lebensende warten, sie sind aktiv und unternehmungslustig. Ein weiterer Punkt für die anhaltende und vermehrte Reiselust der Senioren ist die Weiterführung von Gewohnheiten, die die Senioren in früheren Lebensjahren entwickelt haben, denn bis ungefähr zum 40. Lebensjahr haben sich die dominanten Lebens- und somit auch Reisestrukturen herausgebildet. Gemäß den Ergebnissen des *Studienkreises für Tourismus Starnberg* entspricht das Reiseverhalten der heutigen Senioren demjenigen, das sie bereits vor 15 Jahren hatten, als sie noch im Berufs- und Familienleben standen.[119]

4.3.1 Reisemotive

Reisemotive[120] sind die Antriebsfaktoren für das Reisen. Sie beschreiben die individuellen Beweggründe, welche dem Reisen zugrunde liegen. Es sind Bedürfnisse, Bestrebungen, Wünsche sowie Erwartungen, die die Menschen veranlassen, überhaupt eine Reise zu unternehmen. Die Bedürfnisse älterer Menschen sind, so Leimer, ebenso vielfältig wie die anderer Altersklassen.

---

[118] vgl. Leimer 1997, S.60
[119] vgl. Artho 1996, S.102
[120] ein Motiv kann als wahrgenommener Mangelzustand wahrgenommen werden, der die Veranlassung umfasst, Möglichkeiten zu suchen, diesen Mangelzustand zu beheben (Kroeber – Riel, 1992, S.141)

In der folgenden Tabelle sind die Urlaubsmotive aller Altersgruppen von 1996 im Vergleich zu 1993 dargestellt.

Urlaubsmotive	1993	1996
Abwechslung zum Alltag	46%	59%
Abschalten, Ausspannen	50%	58%
Zeit füreinander haben	39%	40%
Frei sein	36%	38%
Aus verschmutzter Umwelt ausbrechen	38%	37%
Natur erleben	35%	36%
Genießen	26%	33%
Neue Eindrücke bekommen	27%	30%

Tabelle 8: *Urlaubsmotive aller Altersgruppen 1993 und 1996 im Vergleich*[121]

Auffällig ist, dass im Jahr 1996 mehr Urlaubsmotive als „besonders wichtig" eingestuft worden sind als 1993. Dies zeigt, dass im Lauf der Jahre wachsende Ansprüche an den Tourismus zu verzeichnen sind. Haupturlaubsmotiv für alle Alterklassen ist die Kategorie „Abwechslung, weg von der Alltagsroutine". Des Weiteren spielt das Motiv „Abschalten, Ausspannen" eine wichtige Rolle.[122]

Das Bedürfnis nach Kommunikation und Integration ist laut Leimer für die Senioren während einer Reise besonders wichtig. Junge Menschen sollen ebenso zum kommunikativen Umfeld gehören wie Menschen der gleichen Altersklasse. Besonders Alleinreisende erwarten von einer Reise Kontaktmöglichkeiten und Unterhaltung. Sie möchten Komfort und Bequemlichkeit genießen und haben einen hohen Anspruch an Qualität und Leistung. Auch nehmen ältere Menschen, öfter als jüngere, eine Reise zum Anlass, etwas für ihre Gesundheit zu tun. Des Weiteren haben Senioren ein hohes Sicherheitsbedürfnis an Reisen.[123]

Die Hauptbeweggründe für den Antritt einer Reise bei Senioren sind der folgenden Abbildung zu entnehmen.

---

[121] Quelle: Leimer 1997, S.67
[122] vgl. Leimer 1997, S.68
[123] vgl. Deutsches Seminar für Tourismus 2002, S.35 f.

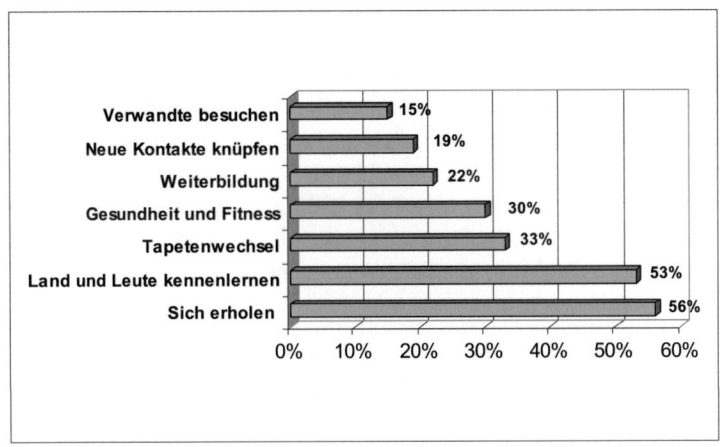

Abbildung 17: Hauptbeweggründe für das Reisen der Senioren[124]

Nach Artho stellen bei den Senioren die Befriedigung von Neugier, Bildung und Kultur, die Kommunikationsmöglichkeit und das Bedürfnis nach sozialer Anerkennung die wichtigsten Erwartungen an eine Reise dar.

Motivgruppen	Reisemotive
Befriedigung von Neugier	Neues sehen, Neugier, Offenheit
	Interesse an Land und Leuten
	Begegnungen mit anderen Kulturen
Bildung und Kultur	Kultur erleben
	Baudenkmäler betrachten
Erlebnisse	Naturerlebnisse
	Abenteuerlust
Kommunikation	Kontakt zu Verwandten, Freunden
	Kontakt zu Gleichaltrigen und Jüngeren
Selbstbild	Herausforderung
	Lebensbereicherung
Kompetenz und Komfort	Qualität der Reise, z.B. kompetente Reiseleitung
	Fürsorge erfahren

Abbildung 18: Reisemotive von Senioren[125]

---

[124] Quelle: eigene Erstellung nach Artho 1996, S.118
[125] Quelle: Leimer 1997, S.69

4.3.2 Reiseziele

Das beliebteste Urlaubsziel der Deutschen ist nach wie vor der deutschsprachige Raum, insbesondere das Inland. In den letzten Jahrzehnten jedoch verlor dieses deutlich an Attraktivität für die reisende Bevölkerung Deutschlands. Erst durch die schlechtere wirtschaftliche Situation im Jahr 2002 und die Terroranschläge des 11. Septembers 2001 konnte Deutschland seinen Marktanteil bei deutschen Urlaubern wieder etwas steigern.

Auch bei den Senioren ist Deutschland als Reiseziel besonders beliebt. 38,1% der Senioren-Paare reisten im Jahr 2004 im Inland, bei den allein stehenden Senioren waren es 44,3%. Innerhalb Deutschlands ist Bayern das beliebteste Urlaubsziel der Senioren-Paare mit einem Anteil von 8,5% (Alleinstehende 11,3%), gefolgt von Mecklenburg-Vorpommern, Baden-Württemberg und Schleswig-Holstein.

	Alle Urlaubsreisenden (65,4 Mio.)	Senioren- Paare (14,9 Mio.)	Alleinstehende Senioren (6,1 Mio.)
Deutschland gesamt	30,8%	38,1%	44,3%
Bayern	6,7%	8,5%	11,3%
Meckl.- Vorp.	5,3%	5,9%	6,0%
Schlesw.-Holst.	4,3%	4,6%	4,6%
Niedersachsen	3,6%	4,8%	2,6%
Baden-Württ.	3,3%	4,8%	5,8%
Sachsen	1,3%	1,2%	2,6%
NRW	1,3%	1,5%	2,3%
Rheinl. Pfalz/ Saarl.	1,2%	1,9%	2,7%
Berlin	0,8%	0,8%	1,5%

Tabelle 9: *Inlandsreiseziele der Senioren*[126]

Senioren suchen im Vergleich zur jüngeren Bevölkerung Reiseziele außerhalb von Deutschland mit einer kürzeren Entfernung

---

[126] Quelle: F.U.R. 2005, S.8

zum Heimatort auf. Die favorisierten Auslandsreiseziele der Senioren sind überwiegend nahe gelegene ausländische Ziele.

Hier stehen Spanien, Österreich sowie Italien an vorderster Stelle. Knapp 10% der Urlaubsreisen von Senioren führten 2004 in außereuropäische Länder, vor allem in die Türkei und ins nördliche Afrika.

	Alle Urlaubsreisenden (65,4 Mio.)	Senioren- Paare (14,9 Mio.)	Alleinstehende Senioren (6,1 Mio.)
Ausland gesamt	69,2%	61,9%	55,7%
Spanien	13,6%	11,6%	9,1%
Italien	7,4%	7,8%	6,6%
Österreich	6,5%	8,5%	6,9%
Türkei	6,4%	4,2%	3,6%
Frankreich	3,2%	1,9%	3,5%
Griechenland	3,1%	2,6%	1,6%
Nordafrika	2,8%	2,1%	1,3%
Ungarn	1,8%	1,8%	2,6%
Polen	1,8%	2,9%	2,0%
Tschechische Rep.	1,3%	1,7%	1,7%
Schweiz	1,2%	1,2%	1,5%
Skandinavien	1,4%	1,1%	2,2%

Tabelle 10: Auslandsreiseziele der Senioren[127]

Anhand des Reiseverhaltens der heute 45-55jährigen wurde von der F.U.R (Forschungsgemeinschaft Urlaub und Reisen) prognostiziert, dass im Jahr 2020 nicht einmal mehr ein Fünftel der Senioren seinen Urlaub in Deutschland verbringen wird.

4.3.3 Reisesaison

Die Urlaubsreisen der Senioren sind von einer wesentlich geringeren Saisonalität geprägt als bei anderen Altersgruppen, da sie

---

[127] Quelle: F.U.R. 2005, S.8

weniger auf die Ferientermine Rücksicht nehmen müssen. Zwar machen auch die über 60-Jährigen am liebsten in den Sommermonaten Urlaub, jedoch verlagern sie häufiger als andere Altersgruppen ihre Urlaubsreisen auf den Herbst sowie den Frühling. Die Altersgruppe der 50- bis 60-Jährigen ist vor allem an einem Urlaub im Sommer interessiert. Dieses hängt mit dem Vorhandensein von Kindern im Haushalt sowie mit der (noch) besseren Verträglichkeit von wärmeren Temperaturen zusammen.[128]

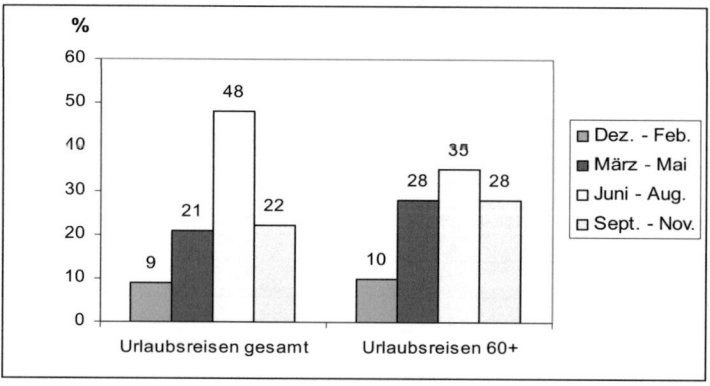

Abbildung 19: Saisonalität der Urlaubsreisen der Senioren 2004[129]

4.4 Kennzahlen zum Reiseverhalten

Nachfolgend werden verschiedene Kennzahlen zum Reiseverhalten der deutschen Bevölkerung allgemein sowie der Senioren im Besonderen vorgestellt. Daran anschließend wird auf das Potential der nicht reisenden Senioren hingewiesen, welche aufgrund fehlender spezifischer Angebote keine Reisen mehr unternehmen.

4.4.1 Reiseintensität

Die für das Reiseverhalten entscheidende Kennzahl ist die der Reiseintensität. Die Reiseintensität weist den Anteil der Reisenden

---

[128] vgl. Leimer 1997, S. 76f.
[129] Quelle: eigene Erstellung (nach F.U.R. 2005, S.12)

ab 14 Jahren an der Bevölkerung aus, die im zurückliegenden Jahr eine Urlaubsreise von mindestens fünf Tagen Dauer bzw. mit mindestens vier Übernachtungen unternommen haben.[130]

Nach Ergebnissen des *Statistischen Bundesamtes* haben im Jahr 2004 55% der Bundesbürger eine Reise mit mindestens 4 Übernachtungen unternommen.

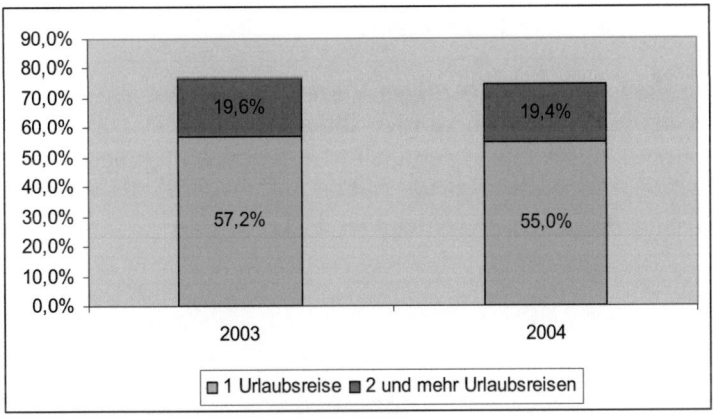

Abbildung 20: Entwicklung der Reiseintensität 2003-2004[131]

Nach Angaben der 35. Reiseanalyse der *Forschungsgemeinschaft Urlaub und Reisen* haben im Jahr 2004 von den 66,72 Mio. Personen in Deutschland (deutschsprachige Bevölkerung ab 14 Jahren) 48,1 Mio. bzw. 74,4% mindestens eine Urlaubsreise gemacht. Insgesamt haben die 48,1 Mio. Urlauber 65,4 Mio. Reisen unternommen. Das Marktvolumen ist damit gegenüber dem Vorjahr geringfügig gesunken. Dieses erklärt sich ausschließlich aus einer Abnahme der Inlandsreisen. Bei diesem Rückgang handelt es sich jedoch eher um eine Korrektur der außergewöhnlich großen Anzahl an Deutschlandreisen, bedingt durch den sonnenreichen „Jahrhundert-Sommer". Insgesamt haben sich die Inlandsreisen seit 2001 kontinuierlich erhöht.

---

[130] vgl. Destatis 2003, S.238
[131] Quelle: F.U.R 2005, S. B

Die wesentliche Einflussgröße, die sich auf die Marktentwicklung der letzten Jahre ausgewirkt und die auch das Jahr 2004 maßgeblich bestimmt hat, ist die stagnierende wirtschaftliche Situation und die negative Einschätzung der eigenen wirtschaftlichen Situation, bedingt durch die schlechte gesamtwirtschaftliche Lage, Arbeitslosigkeit und den Sozialabbau.[132] Dagegen hat die Angst vor möglichen Terroranschlägen im Urlaub sowie deren Einfluss auf die Urlaubsabsichten an Bedeutung verloren.

Ein gewohnheitsmäßiges Reiseverhalten hat sich spätestens bis zum 45. Lebensjahr entwickelt. Sofern eine gute Reiseerfahrung bei den Senioren durch häufiges Verreisen während ihres bisherigen Lebens vorhanden ist, werden diese Gewohnheiten auch im Alter beibehalten, bis sich gesundheitliche Beeinträchtigungen einstellen. Dies zeigt auch die folgende Abbildung, in der die Entwicklung der Reiseintensität[133] einer Generation dargestellt ist.

Jahr	Alter	55-84 Jahre
		Reiseintenstät
1970	55	47%
1975	60	52%
1980	65	54%
1985	70	48%
1990	75	51%
1994	79	41%
1999	84	45%

Tabelle 11: *Entwicklung der Reiseintensität einer Generation seit 1971*[134]

---

[132] vgl. F.U.R 2005, S. C
[133] Die Reiseintensität kennzeichnet den prozentualen Anteil einer Bevölkerungsgruppe, welche im Verlauf eines Jahres mindestens eine Urlaubsreise unternommen hat. Die Kennzahl zeigt an, welcher Bevölkerungsteil eines Marktsegments oder eines Landes überhaupt am Reiseverkehr teilnimmt (Artho 1999, S.136)
[134] Quelle: Heeren 2004, S.77

Im Jahr 1970 hatten die damals 55-Jährigen eine Reiseintensität von 47%, knapp 30 Jahre später lag sie in dieser Generation noch immer bei 45%. Die Urlaubsreiseintensität ist also relativ konstant geblieben. Während der letzten Jahrzehnte ist eine steigende Tendenz der Reiseintensität von Senioren zu erkennen.

Laut F.U.R. lag die Reiseintensität der Senioren in 2004 mit 70% niedriger als die der Gesamtbevölkerung (74,4%). Alleinstehende Senioren reisten in 2004 weniger (63,6%), Senioren-Paare verreisten 2004 zu 73,1 %.[135]

4.4.2 Reisehäufigkeit

Während die Reiseintensität lediglich ausdrückt, ob jemand überhaupt verreist, gibt die Reisehäufigkeit an, wie häufig jemand eine Reise unternimmt.

Die große und ständige Reisefreudigkeit der Senioren drückt sich in der Reisehäufigkeit aus. Die älteren Reisenden über 60 Jahre unternehmen pro Jahr im Durchschnitt 1,5 Urlaubsreisen und sind damit öfter unterwegs als jüngere Urlauber. Senioren-Paare sind deutlich häufiger auf Urlaubsreisen als die allein lebenden Senioren und unternehmen überdurchschnittlich häufig Zweit-, Dritt- und Mehrfachreisen pro Jahr.[136]

---

[135] vgl. F.U.R 2005, S.6
[136] vgl. F.U.R.2005, S.6

	1999		2004	
	Bevölkerung 63,8 Mio.	Senioren 17,6 Mio.	Bevölkerung 64,7 Mio.[137]	Senioren 19,9 Mio.
Urlaubsreiseintensität (%)	75,3	66,6	74,4	70,0
Urlaubsreisende (Mio.)	48,0	11,7	48,1	13,9
Anteil an allen Urlaubsreisenden (%)	100,0	24,3	100,0	28,9
Urlaubsreisehäufigkeit	1,3	1,4	1,4	1,5
Anzahl Urlaubsreisen (Mio.)	62,6	16,1	65,4	21,1
Anteil an allen Urlaubsreisen (%)	100,0	25,7	100,0	32,2

Tabelle 12: Reiseintensität und -häufigkeit 1999 und 2004 im Vergleich[138]

4.4.3 Reisedauer

Die Reisedauer beschreibt, wie lange Reisende überhaupt unterwegs waren. Unterschieden wird zwischen

- Kurzreisenden (2- 4 Tage)
- Kurzurlaubern (5- 13 Tage)
- Urlaubsreisenden (14 Tage und mehr)

Die Mehrzahl der Senioren-Urlaubsreisen erstreckt sich über eine Dauer von mindestens zwei Wochen. Dies liegt zum einen an der großen Anzahl an Kuraufenthalten (bis zu sechs Wochen, je nach Krankheitsbild), welche sich über einen längeren Zeitraum erstrecken. Zum anderen werden die langen Reiseaufenthalte auch dadurch statistisch beeinflusst, dass viele Senioren im Winter einige Monate im wärmeren Süden verbringen.[139]

---

[137] Die Daten über die Urlaubsreisen der Senioren beziehen sich auf die deutschsprachige Wohnbevölkerung (14 Jahre und älter) in Privathaushalten (2004: 64,7 Mio.), darunter sind 19,9 Mio. 60 Jahre und älter.
[138] Quelle: F.U.R. 2005, S.5
[139] vgl. Gugg/ Hank- Haase 1997, S.26

	Kurzreisende	Kurzurlauber	Urlaubsreisende
Jungsenioren (50-64 Jahre)	3,8%	19,3%	40,5%
Ruheständler (65 und älter)	4,6%	11,3%	25,6%
Junge Singles	6,5%	14,0%	33,4%
Junge kinderlose Paare	5,0%	14,1%	45,3%
Familien mit kleinen Kindern	4,2%	15,8%	38,7%
Familien mit großen Kindern	5,9%	17,8%	40,1%
Junge Erwachsene	7,4%	19,0%	29,9%
Jugendliche	4,7%	17,5%	34,4%
Gesamtbevölkerung	4,8%	15,9%	35,7%

Tabelle 13: Dauer der Urlaubsreisen nach Lebensphasen 2003[140]

4.4.4 Reiseart

Senioren bevorzugen, wie die übrigen Reisenden auch, den „Ausruhurlaub". An zweiter Stelle folgt der „Natururlaub". Die älteren Singles machen sehr viel häufiger „Besuchsreisen" bei Bekannten oder Verwandten, während Seniorenpaare öfter einen „Aktivurlaub" verbringen. Der „Gesundheitsurlaub" ist bei den Senioren insgesamt überdurchschnittlich beliebt.

	Reisende gesamt	Senioren-Paare	Alleinstehende Senioren
Ausruhurlaub	41,8%	38,7%	31,7%
Strand-/ Badeurlaub	38,1%	26,6%	18,6%
Natururlaub	23,4%	29,4%	24,4%
Erlebnisurlaub	21,9%	22,8%	20,8%
Aktivurlaub	16,2%	13,7%	6,6%
Besuchsreise	14,5%	11,8%	21,4%
Rundreise	8,9%	12,1%	13,2%
Kulturreise	7,8%	10,0%	10,7%
Gesundheitsurlaub	7,5%	14,3%	14,8%

Tabelle 14: Urlaubsreisearten der Senioren 2004 (Mehrfachnennungen möglich)[141]

---

[140] Quelle: eigene Erstellung nach Daten des B.A.T.Freizeit- Forschungsinstituts 2003, S.27
[141] Quelle: F.U.R. 2005, S.11

4.4.5 Reiseausgaben

Die durchschnittlichen Reiseausgaben für die Haupturlaubsreise lagen im Jahr 2004 bei den Senioren leicht über denen der Gesamtbevölkerung. Der Gesamtdurchschnitt aller Urlaubsreisen lag bei 812€. Seniorenpaare gaben im Schnitt 826 € pro Person aus, allein stehende Senioren sogar 934€. Bei hochgerechnet 21,1 Mio. Urlaubsreisen der Senioren (über 60 Jahre) ergaben sich insgesamt Ausgaben in Höhe von etwa 18 Mrd. €. Dies machte einen Anteil von 34% der Reiseausgaben der Deutschen aus.[142]

4.4.6 Reiseverkehrsmittel

Der PKW ist, wie bei der überwiegenden Anzahl der Deutschen, auch bei den Senioren auf Reisen das beliebteste Verkehrsmittel. Dieser wird allerdings mit zunehmendem Alter weniger genutzt. Damit steigt der Anteil an Bus- und Bahnfahrten, der bei den Senioren deutlich über dem Durchschnitt der Gesamtbevölkerung liegt. Über 60 % der Senioren wählen die öffentlichen Verkehrsmittel.

	Reisende gesamt	Seniorenpaare	Alleinstehende Senioren
PKW	46,2%	44,9%	25,9%
PKW mit Wohnwagen	1,9%	2,4%	0,1%
Wohnmobil, Kleinbus	2,0%	1,6%	0,4%
Bahn	7,5%	10,1%	29,3%
Bus	9,2%	18,1%	23,2%
Flugzeug	31,6%	21,7%	19,6%
Schiff	0,9%	1,1%	0,9%
Sonstiges	0,6%	0,1%	0,6%

Tabelle 15: Prozentuale Nutzung von Reiseverkehrsmitteln[143]

---

[142] vgl. F.U.R. 2005, S. 6
[143] Quelle: Gugg/ Hank-Haase 1997, S.36

4.4.7 Unterkunft und Verpflegung

Die beliebtesten Unterkunftsformen der Senioren sind laut Gugg/Hank-Haase bei Auslandsreisen Hotels und Gasthöfe. Bei Reisen im Inland wählen Senioren als Unterkunftsform deutlich häufiger als der Durchschnitt der Bevölkerung kleinere Pensionen. Hier ist vor allem der Wunsch nach mehr Individualität sowie einer besseren Überschaubarkeit das ausschlaggebende Motiv. Die persönliche Atmosphäre von Pensionen kommt dem Wunsch der Senioren, auch im Falle von unvorhersehbaren Ereignissen, wie z.B. Krankheiten, eine persönliche Betreuung zu erfahren, entgegen. Jede vierte Urlaubsreise der allein stehenden Senioren führt zu Verwandten oder Bekannten.[144]

	Reisende gesamt	Seniorenpaare	Unverheiratete Senioren
Hotel/ Gasthof	39,7%	43,1%	42,2%
Ferienwohnung/ Haus (gemietet)	18,3%	12,2%	5,8%
Ferienwohnung/ Haus (Eigentum)	3,1%	2,5%	3,1%
Pension	11,6%	17,7%	16,6%
Privatzimmer	5,4%	5,1%	5,2%
Camping (Zelt)	3,7%	0,2%	0,4%
Wohnwagen/ -mobil	4,6%	5,0%	0,7%
Verwandte/ Bekannte	11,4%	12,9%	24,3%
Sonstiges	2,4%	1,4%	1,8%

Tabelle 16: Unterkunftsarten auf Reisen[145]

Bei der Verpflegung sollte auf die speziellen Bedürfnisse der Senioren Rücksicht genommen werden. Die Speisekarte muss vom Schriftbild so gestaltet sein, dass sie ohne Probleme lesbar ist.

---

[144] vgl. Gugg/ Hank-Haase 1997, S.36
[145] Quelle: Gugg/ Hank-Haase 1997, S.36

Angebot	Anteil
Differenzierte Speisekarte	53%
Senioronteller (1/2 Portion)	46%
Speisekarte mit großer, lesbarer Schrift	31%
Berücksichtigung von Sonderwünschen	25%
Vegetarische Gerichte	10%
Diätgerichte	7%

Tabelle 17: Wünsche der Senioren bei der Verpflegung[146]

53% der Senioren wünschen sich eine differenzierte Speisekarte (z.B. Schonkost und Diabetikerkost) sowie Angebote von Speisen in unterschiedlicher Portionierung. Auch die Berücksichtigung von Sonderwünschen wird von den Senioren erwartet.

4.4.8 Reiseorganisation

Allein stehende Senioren nutzen die Angebote eines Reiseveranstalters bzw. eines Reisebüros mit 53% recht häufig. 48% der Urlaubsreisen von Senioren-Paaren werden als Pauschalreise bzw. über ein Reisebüro gebucht.

	Reisende gesamt	Senioren-Paare	Alleinstehende Senioren
Mit Reisebüro/ Reiseveranstalter	46,8%	47,8%	53,0%
Ohne Reisebüro	53,3%	52,2%	47,1%

Tabelle 18: Reiseorganisation von Senioren[147]

Zusammenfassung

Im März 2004 lebten 21,7 Mio. Senioren (60 Jahre und älter) in Deutschland. Aufgrund des Rückgangs der Geburtenrate sowie einer stetigen Zunahme der Lebenserwartung wird die Bedeutung der über 60-Jährigen in der Tourismusbranche weiter signifikant wach-

---

[146] Quelle: Gugg/ Hank-Haase 1997, S.36 (leicht verändert)
[147] Quelle: F.U.R 2005, S.11

sen. Fast ein Drittel (28,9% oder 13,9 Mio.) aller Urlaubsreisenden war 2004 älter als 60 Jahre.

Die Senioren unternahmen 2004 21,1 Mio. Urlaubsreisen, jeder Senior machte durchschnittlich 1,5 Reisen. Seniorenpaare investierten durchschnittlich 826 € pro Person und Reise, Alleinstehende 934 €. Bei 21,1 Mio. Urlaubsreisen ergeben sich Gesamtausgaben von ca. 18 Mrd. €. Dies entspricht 34% der Gesamtausgaben der deutschen Bevölkerung für Reisen im Jahr 2004.

4.5 Nichtreisende

Trotz der großen und zunehmenden Reiseaktivität der Senioren gibt es noch eine Vielzahl von Senioren, die aus verschiedenen Gründen darauf verzichten (müssen), eine Reise zu unternehmen. Dies liegt oftmals daran, dass es keine entsprechenden Angebote bzw. zusätzliche Dienstleistungen in den Programmen der Reiseveranstalter gibt. Häufige Gründe für einen Reiseverzicht sind der folgenden Abbildung zu entnehmen.

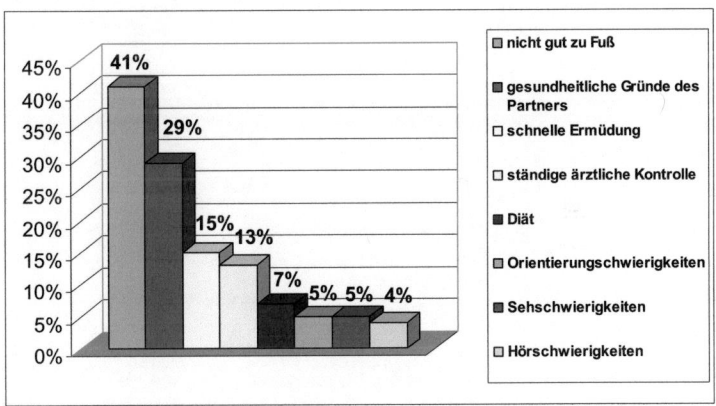

Abbildung 21: Reiseeinschränkungen aus körperlichen oder gesundheitlichen Gründen[148]

Der Großteil der Personen, die gerne eine Reise unternehmen würden, kann dieses nicht, da sie Probleme mit dem Gehen haben (nicht gut zu Fuß). Auch schränken 29% der Befragten ihre Reiseaktivitäten ein, weil der Gesundheitszustand des Partners eine Reise

---

[148] Quelle: Hübner/Born 1999, S.37

nicht mehr zulässt. Aus Sicht der stärker beeinträchtigten Personen müssen Reiseprodukte für Menschen mit gesundheitlichen Einschränkungen durch Unterstützungsleistungen an die jeweilige Lebenssituation angepasst werden, um eine „altersfreundliche, touristische Umwelt" zu gestalten. Solche Reiseprodukte existieren bislang aber nur in unzureichendem Maße. Knapp 4 Mio. Menschen über 50 Jahre verreisten 1995 aus Gesundheitsgründen nicht mehr. Dieses Volumen hat sich bis zum Jahr 2005 auf knapp 7 Mio. Menschen erhöht. 41% der noch Reisenden gaben an, in den Möglichkeiten, Urlaubsreisen zu unternehmen, eingeschränkt zu sein. Dies entsprach schon 1995 einer Größenordnung von 11,7 Mio. Menschen, deren körperliche bzw. gesundheitliche Einschränkungen zu einer unterdurchschnittlichen Reiseintensität führten.[149]

---

[149] vgl. Hübner/Born 1999, S.36

5 Berücksichtigung der Multimorbidität

Die wissenschaftlichen Disziplinen, die das Altern und die Symptome von Alterskrankheiten erforschen, bezeichnet man als Gerontologie bzw. Geriatrie (abgeleitet vom griechischen Wort Geron = Greis).[150]

Multimorbidität, auch Polymorbidität genannt, bedeutet das gleichzeitige Vorhandensein mehrerer Krankheiten, welches besonders häufig bei älteren Menschen vorkommt.[151] Die Multimorbidität ist dadurch zu erklären, dass die Abnahme der funktionellen Reservekapazität nicht auf ein Organ oder Organsystem beschränkt ist, sondern dass von dieser Einschränkung mehr oder weniger gleichzeitig verschiedene somatische und psychische Bereiche betroffen sind. Die Multimorbidität (Vielfacherkrankung) des älteren Menschen hat wiederum ganz bestimmte Merkmale. Bei vielen gleichzeitig nebeneinander auftretenden Krankheiten im Alter handelt es sich in der Regel um chronische Krankheiten.[152]

Im Folgenden werden häufig auftretende Erkrankungen im Alter näher vorgestellt und dabei zwischen physischen und psychischen Erkrankungen unterschieden.

5.1 Physische Erkrankungen im Alter

Es gibt eigentlich keine Krankheiten, die ausschließlich altersbedingt sind. Verschiedene Erkrankungen, deren Auftreten z.B. durch Abnutzungserscheinungen oder schädliche Einwirkungen begünstigt werden, treten aber im Alter gehäufter auf:

- Krankheiten der Sinnesorgane
- Krankheiten des Herzens
- Krankheiten des Kreislaufs
- Abnutzungserscheinungen der Gelenke.

---

[150] vgl. Leibold 1994, S.12
[151] vgl. Schäffler, Menche, Bazlen, Kommerell 1997, S. 486
[152] vgl. BMFSFJ, Dritter Altenbericht 2001, S.73

Die folgende Abbildung zeigt die wesentlichen physischen, altersbedingten Veränderungen:

Allgemein	Zunahme des Körperfetts
	Abnahme der Körperflüssigkeit
	Abnahme der Muskelmasse
	Abnahme des Grundstoffwechsels
	Abnahme der Temperaturregulation
Sinnesorgane	Augen: Alterssichtigkeit, Linsentrübungen
	Ohren: Hochtonverluste (umweltabhängig)
Respirationstrakt	Abnahme der Lungenelastizität
	Zunehmende Steifheit des Brustkorbes (Altersthorax)
Herz-Kreislaufsystem	Abnehmende Anpassung der Arterien
	Zunehmender systolischer und diastolischer Blutdruck (u.a. abhängig von Umwelt und Lebensweise)
	Verzögerte Blutdruckregulation
	Einschränkung des Herzschlagvolumens
Bewegungsapparat	Skelettmuskulatur nimmt ab
	Bänder, Sehnen und Muskeln sind weniger dehnbar
	Abnahme des Mineralstoffgehaltes der Knochen
	Gelenkbeweglichkeit nimmt ab
Haut	Verminderte Talgdrüsenaktivität
	Verringerte Haarstärke
	Haarverlust

Abbildung 22: Wesentliche altersbedingte Veränderungen[153]

5.1.1 Erkrankungen und Einschränkungen der Sinnesorgane

Der natürliche Alterungsprozess geht z.B. mit nachlassendem Seh- und Hörvermögen einher. Dieser nicht krankhafte Altersvorgang ist jedoch individuell unterschiedlich stark ausgeprägt. Manche Menschen sehen und hören auch im fortgeschrittenen Alter noch recht gut, andere aber bemerken bereits ab der Lebensmitte deutliche Einschränkungen. Außerdem treten einige Erkrankungen der Sinnesorgane, vor allem der Augen und der Ohren, mit zuneh-

---

[153] Quelle: BMFSFJ, Dritter Altenbericht 2001, S. 72 (leicht verändert)

mendem Alter häufiger auf.[154] Diese werden nun näher beschrieben, um darzustellen, mit welchen Einschränkungen Senioren leben (müssen).

Erkrankungen der Augen

Sehr häufig wird mit zunehmendem Alter die „Alterssichtigkeit" diagnostiziert, die oftmals ab der Lebensmitte beginnt und mit einer Brille korrigiert werden kann. Daneben kommen der graue sowie der grüne Star als Krankheiten im Alter vermehrt vor.[155]

Grauer Star

Der graue Star (Katarakt) ist eine Trübung der Augenlinse. Sie kann angeboren (eher seltener) oder erworben (häufiger) sein. Etwa 90% aller älteren Menschen weisen solche Linsentrübungen, mit unterschiedlichem Schweregrad, auf.[156] Folgen der Erkrankung sind zum einen eine höhere Licht- und Blendempfindlichkeit sowie unscharfes Sehen (aufgrund der Linsentrübung) bis hin zur Erblindung bei vollständiger Linsentrübung.[157]

Heutzutage ist es aufgrund der technischen Entwicklung in der Augenheilkunde problemlos möglich, eine nahezu komplikationslose Operation, bei der der Person eine künstliche Linse eingesetzt wird, durchzuführen.

Studien zufolge erkranken 5% der über 60-Jährigen und 10% der über 70-Jährigen am grauen Star.[158]

Grüner Star

Beim grünen Star (Glaukom) ist der Augeninnendruck durch eine Abflussbehinderung des Kammerwassers erhöht. Die Ursache für das Auftreten liegt zumeist in den altersphysiologischen Erscheinungen, daher ist der Grüne Star als eine vorwiegend im höhe-

---

[154] vgl. Leibold 1994, S.121
[155] vgl. Leibold 1994, S.37
[156] vgl. Füsgen 2004, S.180
[157] vgl. Füsgen 2004, S.180
[158] Quelle: Enquete-Kommission. in: Kuratorium Deutsche Altershilfe 1996, S.159

ren Lebensalter auftretende Erkrankung anzusehen. Folgen des grünen Stars können Sehnervschädigungen sowie (starke) Sehverschlechterung sein. Der grüne Star wird bei frühzeitiger Erkennung medikamentös behandelt (Augentropfen), Operationen sind eher seltener.[159]

Erkrankungen der Ohren

Neben dem nachlassenden Hörvermögen treten im Alter vermehrt Ohrgeräusche auf. Recht häufig ist auch der so genannte Hörsturz, der aber nicht zu den Alterskrankheiten im engeren Sinne gehört.[160] Mit Hörproblemen haben von den 60- bis 69-Jährigen 41% und bei den 70- bis 75-Jährigen 46% zu tun.[161]

Altersschwerhörigkeit

Die Einschränkung des Hörvermögens durch natürliche Altersvorgänge beginnt, zunächst unbemerkt, meist zwischen dem 50. und 60. Lebensjahr. Sie ist bedingt durch den allmählichen altersbedingten Schwund der Nervenschaltknoten im Innenohr (Ganglien), die für das Hören unentbehrlich sind.[162] Hauptsächlich führt dieser Schwund dazu, dass die hohen Frequenzen nicht mehr wahrgenommen werden können. Eine stärkere Einschränkung des Hörvermögens, welche im Laufe der Zeit entstehen kann und sowohl die Orientierung in der Umwelt als auch soziale Kontakte zunehmend behindert, kann ein Hörgerät erforderlich machen.[163]

Hörsturz

Ein Hörsturz tritt plötzlich und meist einseitig mit Verminderung des Hörvermögens bis hin zur völligen Taubheit auf. Er kann auch bei jüngeren Menschen vorkommen, jedoch wird er im Alter häufiger diagnostiziert. Die Ursache dieser heute vermehrt vorkommenden Erscheinung ist noch nicht vollständig bekannt. Es wird jedoch vermutet, dass arterielle Durchblutungsstörun-

---

[159] vgl. Füsgen 2004, S.181 f.
[160] Leibold 1994, S.125
[161] Quelle: Deutscher Schwerhörigenbund
[162] vgl. Leibold 1994, S.125
[163] vgl. Leibold 1994, S.126

gen/Arterienverkalkung im Innenohr, aber auch Stress (seelisch-nervöse Einflüsse) maßgeblich für einen Hörsturz sein können.[164]

5.1.2 Herz-/Kreislauferkrankungen

Die unermüdliche Arbeit, die Herz und Blutgefäße im Laufe eines Lebens leisten müssen, geht nicht spurlos an dem Organsystem vorbei. Ein gewisser Verschleiß ist die natürliche Folge des Alterns, oft schreitet dieser Prozess allerdings viel schneller voran, bedingt z.B. durch Nikotinmissbrauch oder Fehlernährung. Krankheiten des Herz-Kreislauf-Systems gehören mit zu den häufigsten Todesursachen. Die am häufigsten vorkommenden Herz-Kreislauf-Erkrankungen werden nun näher erläutert.

Arterienverkalkung (Arteriosklerose)

An erster Stelle der Alterskrankheiten des Gefäßsystems steht die Arteriosklerose, im Volksmund auch Arterienverkalkung genannt. Sie ist in unserer Wohlstandsgesellschaft die am meisten verbreitete Gefäßerkrankung überhaupt.[165] Laut Leibold gibt es heute praktisch keinen Menschen mehr jenseits des 65. Lebensjahres, bei dem keine arteriosklerotischen Veränderungen bestehen.[166]

---

[164] vgl. Leibold 1994, S.126
[165] vgl. Schäffler, Menche, Bazlen, Kommerell 1997, S. 486
[166] vgl. Leibold 1994, S.37

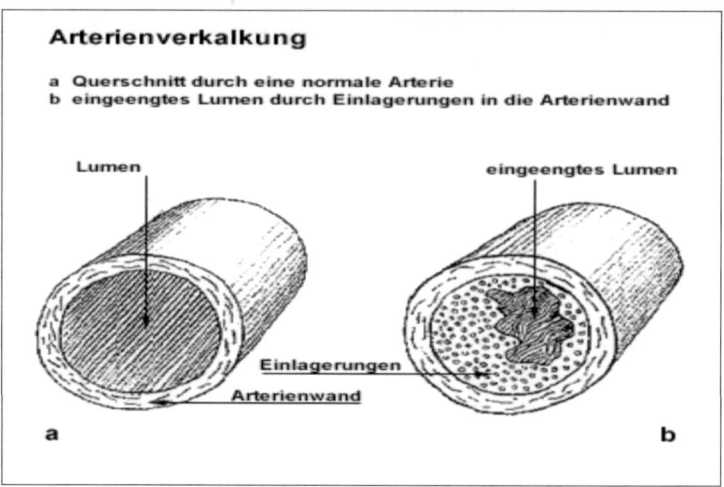

Abbildung 23: Arteriosklerose (Lumen = Hohlraum eines röhrenförmigen Organs)[167]

Unter dem Oberbegriff Arteriosklerose fasst man krankhafte Arterienveränderungen zusammen, welche aus unterschiedlichen Gründen entstehen können. Risikofaktoren der Arteriosklerose sind:

- Nikotinabhängigkeit
- Bluthochdruck
- Fettstoffwechselstörungen
- Diabetes Mellitus
- Gicht, Übergewicht und Bewegungsmangel

Folgen der Arteriosklerose sind Durchblutungsstörungen, welche im schlimmsten Fall zum Gewebsuntergang (Infarkt) in den nachgeschalteten Organen führen können.[168] Die am häufigsten auftretenden möglichen Folgen der Arteriosklerose werden in den folgenden Abschnitten kurz vorgestellt.

---

[167] Quelle:http://www.css.ch/home/privatpersonen/pri-gesundheit/pri-ges-lexika/pri-ges- abczugesundheitundkrankheit/pri-ges-abc-arterienverkalkung_arteriosklerose.htm?letter=A
[168] vgl. Schäffler, Menche, Bazlen, Kommerell 1997, S. 611

Koronare Herzkrankheit(KHK)

Bei der koronaren Herzkrankheit handelt es sich um eine Durchblutungsstörung der Herzkranzgefäße mit einer Sauerstoffunterversorgung des Herzmuskels. Die koronare Herzkrankheit ist die dominierende Erkrankung des Herzens im Alter und auch für den Großteil aller kardialen Beschwerden und Komplikationen verantwortlich. Sie steht in der Todesursachenstatistik an erster Stelle.[169]

Herzinfarkt (Myokardinfarkt)

Der Herzinfarkt beschreibt die akute und schwerste Manifestation der koronaren Herzkrankheit mit Gewebsuntergang (Nekrose) des Herzmuskels infolge von Mangeldurchblutung (Ischämie).[170] Mit dem Alter nimmt die Gefahr, einen Herzinfarkt zu bekommen bzw. an einem Herzleiden zu erkranken, deutlich zu. Ab dem 40. Lebensjahr gilt er bei Männern als die häufigste Todesursache.[171]

Schlaganfall (Apoplex)

Der Schlaganfall, als Folge der erkrankten Hirngefäße durch die Arterienverkalkung, ist die dritthäufigste Todesursache bei älteren Menschen. Er beruht auf einer akuten Durchblutungsstörung des Gehirns, die bei 85% der Betroffenen durch eine verminderte Blutversorgung (Hirninfarkt) und bei ca. 15% der Betroffenen durch eine Hirnblutung, z.B. durch Unfälle, hervorgerufen wird.[172] Schätzungen der *Deutschen Schlaganfall-Stiftung* zufolge erleiden jährlich zwischen 150.000 und 250.000 Personen einen Schlaganfall.

Bluthochdruck (Hypertonie)

Von Hypertonie spricht man, wenn der Blutdruck dauerhaft den oberen Wert (systolisch) von 140mmHg[173] oder dauerhaft den unteren Wert (diastolisch) von 90mmHg überschreitet. Der Blut-

---

[169] vgl. Füsgen 2004, S.12
[170] vgl. Schäffler, Menche, Bazlen, Kommerell 1997, S. 575
[171] vgl. Kuratorium Deutsche Altershilfe 1996, S.159
[172] vgl. Füsgen 2004, S.53
[173] Bei der Blutdruckmessung ist mmHg die Maßeinheit für den Blutdruck in "Millimeter Quecksilbersäule", Hg ist die chemische Bezeichnung für Quecksilber

hochdruck ist bei älteren Menschen für ein Drittel aller Herzkrankheiten (sowie für ca. 40 % aller Schlaganfälle bei Männern und 70% bei Frauen) verantwortlich.[174] Folgeerscheinungen können z.B. Gehirnblutungen, Herzversagen, Herzmuskelschwäche, Nierenversagen sowie Arterienverkalkung sein.

Niedrigblutdruck (Hypotonie)

Es existiert keine offiziell festgesetzte Grenze zwischen dem normalen arteriellen Blutdruck (ca.120/80mmHg) und einer Hypotonie. Als allgemeiner Grenzwert gilt ein Wert von 100mmHg systolisch (Anspannungs- und Auswurfphase des Herzens) und 60-70mmHg diastolisch (Entspannungs- und Füllungsphase).[175] Ursachen für einen dauerhaft niedrigen Blutdruck sind ungenügende Herzleistung, ein vermindertes Blutvolumen sowie kombinierte Faktoren (z.B. Herzinsuffizienz, Herzrhythmusstörungen, Fehlernährung, geringe Trinkmenge u.a.).[176]

Zwar gilt ein niedriger Blutdruck als eine Art „Lebensversicherung", weil er Herz und Gefäße eher schont. Im Alter kann er jedoch, ebenso wie Bluthochdruck, das Risiko von Schlaganfällen erhöhen.[177] Des Weiteren besteht bei Hypotonie die Gefahr, dass der Blutdruck bei Ruhe wie unter Belastung die Organe nicht mehr ausreichend mit Blut versorgt.

5.1.3 Erkrankungen des Stütz- und Bewegungsapparates

Erkrankungen der Knochen, Gelenke sowie Bandscheiben kommen mit zunehmendem Alter häufiger vor. Teilweise stehen diese Erkrankungen im engen Zusammenhang mit Alterung und Verschleiß durch lebenslange Beanspruchung.[178] Die bekanntesten und am häufigsten vorkommenden Krankheiten werden in den Folgeabschnitten näher beschrieben.

---

[174] vgl. Schäffler, Menche, Bazlen, Kommerell 1997, S. 606
[175] vgl. Füsgen 2004, S.27
[176] vgl. Füsgen 2004, S.27
[177] vgl. Leibold 1994, S.53
[178] vgl. Leibold 1994, S.105

Arthrose

Unter dem Begriff Arthrose werden die degenerativen, nicht entzündlichen Erkrankungen des Stütz- und Bewegungssystems zusammengefasst.[179] Degenerative Gelenkveränderungen können zwar unabhängig vom Alter auftreten (z.b. durch Entzündungen oder Verletzungen), mit zunehmendem Alter werden sie jedoch häufiger. Nach dem 55. Lebensjahr leiden rund zwei Drittel aller Menschen unterschiedlich stark darunter, besonders an Knie- und Hüftgelenken.[180]

Es wird zwischen zwei Formen der Arthrose unterschieden:

- *primäre Arthrose*: Die Ursache ist unbekannt, vermutlich kommen aber Alter, Geschlecht, Hormone, Ernährung und Erbanlagen in Betracht
- *sekundäre Arthrose*: Sie entsteht durch ungleichmäßige Belastung der betroffenen Gelenke, z.b. durch Fehlstellungen (X-Beine, O-Beine), durch Unfälle mit Gelenkbeteiligung oder aufgrund von Überbelastung (z.B. durch Übergewicht)

Degenerative Wirbelsäulenerkrankungen (als besondere Form der Arthrose) kommen im Alter besonders häufig vor. Über 80% der Senioren ab 60 Jahren haben hin und wieder Rücken- bzw. Kreuzschmerzen. Andauernde Beschwerden haben ca. 50%, mit zunehmendem Alter bis über 70%.[181]

Osteoporose

Bei der Osteoporose, auch Knochenschwund genannt, handelt es sich um eine Skeletterkrankung, die mit Verlust von Knochenmasse und –struktur einhergeht. Sie führt zu Schmerzzuständen und erhöhtem Frakturrisiko.[182] Durch z.B. langjährige falsche Ernährung und mangelnde körperliche Bewegung wird die Kno-

---

[179] vgl. Füsgen 2004, S.87
[180] vgl. Leibold 1994, S.107
[181] vgl. Füsgen 2004, S.88
[182] vgl. Füsgen 2004, S.103

chenmasse porös und brüchig.[183] WHO-Schätzungen gehen davon aus, dass in den Industrieländern Millionen von Senioren in den nächsten 20 Jahren an Osteoporose erkranken werden.[184] Die bekannteste Folge der Osteoporose sind Oberschenkelhalsbrüche bei älteren Menschen infolge von Stürzen. Die Osteoporose ist die wichtigste und hinsichtlich ihrer Komplikationen bedeutendste Erkrankung des Skelettsystems im Alter.[185]

5.1.4 Stoffwechselerkrankungen

Typische Stoffwechselerkrankungen sind zum Beispiel alle chronischen Gelenkentzündungen (Gelenkrheuma, Arthritis, Gicht). Infolge einer zu eiweißhaltigen Ernährung können sich Stoffwechselschlacken im Gelenkgewebe ablagern. Auch Diabetes Mellitus zählt zu den Stoffwechselerkrankungen.

Diabetes Mellitus

Es gibt zwei Formen des Diabetes:

- Typ-1-Diabetes: Insulinabhängiger Diabetes, auch jugendlicher Diabetes Mellitus genannt
- Typ-2-Diabetes: Insulinunabhängiger Diabetes, auch Altersdiabetes genannt

Beim Typ-2-Diabetes handelt es sich um eine chronische Stoffwechselerkrankung, die auf einem relativen oder absoluten Insulinmangel beruht und mit Störungen des Blutzuckerspiegels einhergeht.[186]

Während der Typ-1-Diabetes in erster Linie bei jüngeren Menschen vorkommt und als chronische Erkrankung mit ins Alter genommen wird, tritt der Typ-2-Diabetes in erster Linie bei älteren

---

[183] vgl. Kuratorium Deutsche Altershilfe 1996, S.160
[184] vgl. Kuratorium Deutsche Altershilfe 1996, S.160
[185] vgl. Füsgen 2004, S.103
[186] vgl. Füsgen 2004, S.147

Menschen auf.[187] Knapp 90% aller Diabetiker in Deutschland, das sind ca. 3-4% der Gesamtbevölkerung, leiden am Typ-2-Diabetes. Mit zunehmendem Alter steigt die Häufigkeit des Typ-2-Diabetes an (bis zu 20% der über 70-Jährigen).[188]

Folgen des Diabetes Mellitus können sein:

- Mangeldurchblutung (besonders in den Extremitäten) mit der Folge von Amputationen, z.B. beim diabetischen Fuß
- Risiko der Arteriosklerose
- Nierenschäden
- Netzhautschäden/ Verlust der Sehschärfe bis hin zur Erblindung

Bei der diabetischen Netzhautveränderung handelt es sich um eine folgenschwere Spätkomplikation bei lange bestehendem Diabetes Mellitus. Sie kann zur Erblindung des Betroffenen führen. Neu gebildete, kleine Gefäße wuchern in die Netzhaut und den sonst gefäßfreien Glaskörper. Gefäßwandveränderungen führen zu Netzhaut- und Glaskörpereinblutungen.[189]

Gicht

Bei der Gicht handelt es sich um eine Stoffwechselstörung der Harnsäure, die nicht über die Nieren ausgeschieden wird, sondern kristallartige Ablagerungen in den Gelenken bildet. Zu 95% sind Männer von dieser Stoffwechselstörung betroffen, vor allem solche mit Übergewicht, Fettstoffwechselstörungen, Diabetes Mellitus und Bluthochdruck.[190]

Rheumatismus

Rheuma ist eine Sammelbezeichnung für verschiedene Erkrankungen des Bewegungs- und Stützapparates, die nicht verletzungsbedingt auftreten. Dabei können Gelenke, Sehnen, Bänder und Muskeln einzeln oder in Kombination betroffen sein. Die häufigsten

---

[187] vgl. Füsgen 2004, S.147
[188] vgl. Schäffler, Menche, Bazlen, Kommerell 1997, S. 486
[189] vgl. Füsgen 2004, S.182
[190] vgl. Schäffler, Menche, Bazlen, Kommerell 1997, S. 795

Formen sind vor allem Arthrose (siehe Ausführungen in 5.1.3) sowie Arthritis.[191] In der Bundesrepublik leiden derzeit rund 3 Millionen Menschen an schweren rheumatischen Erkrankungen, weitere 7 Millionen werden von leichteren Formen heimgesucht.[192]

Arthritis

Von Arthritis spricht man dann, wenn ein Gelenk bzw. Teile eines Gelenkes entzündet sind. Es erfolgt eine Reaktion des Körpergewebes auf bestimmte bakterielle, chemische, thermische oder mechanische Reize. Typische Reaktionen sind lokale Rötungen, Schwellungen, Überwärmung, Funktionsbehinderungen und Schmerzen.

Die Arthirtis lässt sich in die zwei Hauptgruppen *akut* und *chronisch* einteilen. Von akuten Erkrankungen spricht man dann, wenn sie plötzlich beginnen und schnell verlaufen. Mit dem Begriff chronisch bezeichnet man lang anhaltende Krankheitsverläufe.[193]

5.1.5 Erkrankungen des zentralen Nervensystems

Morbus Parkinson/ Parkinsonsche Krankheit

Das Parkinson-Syndrom[194], auch unter dem Begriff „Schüttellähmung" bekannt, zählt zu den häufigsten neurologischen Erkrankungen und beginnt meist jenseits des 60. Lebensjahres, womit es sich um eine typische Alterskrankheit handelt. Aber auch bei jüngeren Menschen sind Anfangsstadien der Parkinsonschen Krankheit zunehmend festzustellen.[195]

Die Parkinsonsche Krankheit ist eine Stoffwechselkrankheit im zentralen Nervensystem, welche durch die Degeneration von Zellen im Mittelhirn, mit daraus folgendem Mangel des chemischen Trä-

---

[191] vgl. Schäffler, Menche, Bazlen, Kommerell 1997, S. 828
[192] vgl. http://www.deam.de/krank/00059.htm
[193] vgl. http://www.deam.de/krank/00059.htm
[194] Benannt nach dem Entdecker Dr. James Parkinson
[195] vgl. Füsgen 2004, S.51

gerstoffes Dopamin, hervorgerufen wird.[196] Sie ist eine langsam fortschreitende neurologische Erkrankung, bei der es zum vorzeitigen Untergang spezieller Nervenzentren, der Basalganglien[197], kommt, was durch die Schädigung der Nervenzellen in der Substantia nigra hervorgerufen wird.[198] Die Ursache solcher pathologischer Prozesse ist in den meisten Fällen unbekannt. Da die Abgrenzung zu ähnlichen neurologischen Erkrankungen nicht immer eindeutig ist, spricht man vom Parkinson-Syndrom.[199] Die Betroffenen leiden unter einem unkontrollierbaren Zittern (Tremor). Hinzu kommt eine Muskelfestigkeit, welche sich in schmerzhaften Dauerverkrampfungen äußert.

Eine endgültige Heilung gibt es bei der Parkinsonschen Krankheit nicht, jedoch können Medikamente den Krankheitsverlauf verzögern bzw. mildern. In der Bundesrepublik sind nach Aussagen der *Deutschen Parkinson-Vereinigung* etwa 260.000 Menschen von dieser Krankheit betroffen.[200]

5.1.6 Inkontinenz

Unter Inkontinenz[201] wird der unkontrollierte, spontane Abgang von Exkrementen verstanden.[202] Es wird dabei zwischen Harn- und Stuhlinkontinenz unterschieden, wobei letztere relativ seltener vorkommt. Verursacht wird unkontrollierter Harnabgang oft durch eine altersbedingt zunehmende Schwächung der Blasenschließmus-

---

[196] vgl. Füsgen 2004, S.51
[197] Als Basalganglien werden einige Kerne des Gehirns zusammengefasst, die vor allem für die Modulation von Bewegungen, hauptsächlich die der Grobmotorik, von Bedeutung sind. Im Zusammenspiel mit dem Kleinhirn sind die Basalganglien u.a. an der Planung von Bewegung beteiligt. Sie liegen in der Tiefe der Großhirnhemisphären.
[198] Substantia nigra (auch Soemmering-Ganglion genannt, nach dem Entdecker Thomas Soemmering) ist ein Begriff aus der Medizin und bezeichnet einen Teil des Gehirns. Bei diesem handelt es sich um einen Kernkomplex im Bereich des Mittelhirns, der durch einen hohen intrazellulären Gehalt an Eisen und Melanin dunkel (lat.: *niger* = schwarz) gefärbt erscheint.
[199] vgl. http://www.parkinson-wissen.de/
[200] vgl. Kuratorium Deutsche Altershilfe 1996, S.160
[201] Lateinisch: Continentia = Zurückhaltung
[202] vgl. Dühring, Habermann-Horstmeier 2000, S.217

kulatur, etwa bedingt durch Schlaganfälle.[203] Bei Männern steht die Inkontinenz häufig in Beziehung zu einer Prostataerkrankung bzw. -operation.[204]

5.2 Psychische Erkrankungen im Alter

Unter dem Begriff der Psyche (aus dem Griechischen: Hauch, Seele) versteht man die Gesamtheit des Erlebens, Denkens, Fühlens und Wollens eines Menschen.[205] Mit psychischen Störungen werden in der Psychiatrie, Psychotherapie und Psychologie Veränderungen im Verhalten sowie im Erleben des Menschen bezeichnet, die auf Störungen des Körpers, der Psyche und der Umwelt zurückzuführen sind.[206]

Wenn der seelisch-geistige Abbau im Alter besonders stark und schnell auftritt, spricht man auch von der „senilen Demenz". Sie beginnt mit zunehmender geistiger Leistungsschwäche, abnormer Ermüdbarkeit, Antriebs- und Gefühlsstörungen sowie Persönlichkeitsveränderungen. Im weiteren Verlauf treten dann oftmals Orientierungsverlust, Verwirrtheit und teilweise auch Wahnzustände/-vorstellungen als Symptome auf.[207] Etwa ein Viertel der über 65jährigen Bevölkerung leidet an einer psychischen Störung, wobei im fortgeschrittenen Alter vor allem Demenzen und depressive Störungen dominieren.[208]

---

[203] vgl. Leibold 1994, S.97
[204] vgl. Leibold 1994, S.97
[205] vgl. Schäffler, Menche, Bazlen, Kommerell 1997, S. 486
[206] vgl. BMFSFJ, Dritter Altenbericht 2001, S. 76
[207] vgl. Leibold 1994, S.138
[208] vgl. BMFSFJ, Dritter Altenbericht 2001, S. 77

Lebensabschnitt	Psychische Störungen
Jugend und frühes Erwachsenenalter	Substanzabhängigkeit Depressive Störungen Angststörungen
Frühes und mittleres Erwachsenenalter	Affektive Psychosen (Schizophrenien, Uni-/Bipolare Depressionen)
Höheres Erwachsenenalter	Demenzen Depressive Störungen

Abbildung 24: Lebensabschnitte und mögliche auftretende psychische Störungen[209]

5.2.1 Demenz

Bei der Demenz (chronische Verwirrtheit) kommt es durch nicht geklärte Ursachen zur Störung des Stoffwechsels im Gehirn, in dessen Folge Gehirnzellen irreversibel absterben.[210] Die Demenz beschreibt den organisch bedingten, fortschreitenden Verlust geistiger Fähigkeiten.

Merkmale einer Demenz sind nach ICD-10[211] die Abnahme des Gedächtnisses sowie anderer kognitiver Fähigkeiten, wie Urteilsfähigkeit und Denkvermögen, über einen Zeitraum von mindestens sechs Monaten. Dazu zählen auch Störungen der Affektkontrolle, des Antriebs sowie des Sozialverhaltens (emotionale Labilität, Reizbarkeit, Apathie).[212]

Altersdemenz erklärt sich hauptsächlich aus schwerer Arteriosklerose der Hirngefäße, die oft auch zu Schlaganfällen mit bleibenden Hirndefekten führt (siehe hierzu 5.1.2).[213] Etwa 70% der Betroffenen leiden an einer Alzheimer-Demenz, der häufigsten Form der „primär degenerativen" Demenz. 20 % der Demenzen sind die Folge anderer Grunderkrankungen (sekundäre Demenzen), die restli-

---

[209] Quelle: eigene Erstellung nach BMFSFJ, Dritter Altenbericht 2001, S. 77
[210] vgl. Kuratorium Deutsche Altershilfe 1996, S.161
[211] Die ICD (International Classification of Diseases) ist ein von der WHO aufgestellter 5-stelliger Diagnoseschlüssel; vom Statistischen Bundesamt Wiesbaden 1968 veröffentlicht u. für Deutschland als verbindlich erklärt.
[212] vgl. BMFSFJ, Dritter Altenbericht 2001, S. 79
[213] vgl. Leibold 1994, S.138

chen 10% sind Mischformen.[214] Etwa 7% der über 65-Jährigen und 30% der über 80-Jährigen Personen leiden an einer Demenz.[215]

Alzheimer-Demenz

Diese vor knapp 100 Jahren von dem Neurologen Alois Alzheimer (1864-1915) entdeckte Krankheit ist bisher in der Öffentlichkeit noch wenig bekannt.[216] Die Alzheimer Demenz ist die häufigste „primär degenerative" Demenz mit noch ungeklärter Ursache. Es wird angenommen, dass sowohl genetische Faktoren als auch stoffwechselbedingte Veränderungen (s. Morbus Parkinson) für diese Form der Demenz verantwortlich sind.[217] Bei der Alzheimer-Demenz schrumpft das Hirngewebe, was eine Zerstörung der Persönlichkeit zur Folge haben kann. Gegenwärtig wird die Gesamtzahl der an Alzheimer erkrankten Personen in Deutschland auf 800.000 geschätzt.[218] Das *Kieler Institut für Gesundheits-System-Forschung (IGSF)* schätzt die Anzahl der älteren Menschen, die im Jahr 2010 an der Alzheimer-Demenz erkrankt sein könnten, auf 1,1 bis 1,7 Millionen.[219]

5.2.2 (Alters-)Depressionen

Von einer Altersdepression spricht man, wenn ein Mensch nach dem 60. Lebensjahr erstmals an einer Depression erkrankt. Die Depression ist eine psychische Störung mit unterschiedlichen Ursachen und zahlreichen somatischen und psychischen Symptomen, wie z.B. trauriger Verstimmtheit, gedrückter, pessimistischer Stimmungslage, Niedergeschlagenheit, Verzagtheit, Antriebsminderung, leichter Ermüdbarkeit, Schlafstörungen sowie Angst und Selbsttötungsneigung. Der Begriff Depression wird umgangssprachlich und teilwei-

---

[214] vgl. Schäffler, Menche, Bazlen, Kommerell 1997, S. 496
[215] vgl. Schäffler, Menche, Bazlen, Kommerell 1997, S. 496
[216] vgl. Leibold 1994, S.141
[217] vgl. Schäffler, Menche, Bazlen, Kommerell 1997, S. 496
[218] vgl Kuratorium Deutsche Altershilfe 1996, S.161
[219] Informationen der Deutschen Alzheimer-Gesellschaft. in: Kuratorium Deutsche Altershilfe 1996, S.161

se auch in der Fachsprache für fast jedes Gefühl von Deprimiertheit oder Verzweiflung verwendet.[220]

Die Depression ist die häufigste psychiatrische Erkrankung. Alte Menschen erkranken im Vergleich zu jüngeren überdurchschnittlich häufig an einer Depression.[221] Neben psychosozialen Faktoren können auch altersbedingte, organische Veränderungen eine Rolle spielen.[222] Generell unterscheidet sich die Symptomatik einer Altersdepression nicht wesentlich vom allgemeinen Beschwerdebild anderer depressiver Erkrankungen. Psychosoziale Faktoren für die Altersdepression können sein:

- Vereinsamung (Isolation, Kontaktmangel)
- Verlust der Selbständigkeit durch beginnende Demenz, Invalidität
- Inaktivität (infolge von Verlust der Lebensaufgaben)
- Entwurzelung durch Abschiedserlebnisse, z.B. Umzug aus der vertrauten Umgebung
- Verlust von Ansehen und Einfluss
- Todesfälle in der Familie[223]

5.2.3 Sonstige psychische Erkrankungen

Weitere psychische Erkrankungen, die im Alter auftreten können, werden im Folgenden aufgelistet und kurz erläutert.

Neurosen

Neurosen sind psychisch bedingte Gesundheitsstörungen, deren   Symptome unmittelbare Folge und/oder symbolischer Aus-

---

[220] Quelle:
http://www.hexal.de/subdomains/medizinlexikon/index.php?search=1& userInput=Depression
[221] vgl. Hafner, Meier 1993, S.96
[222] Leibold 1982, S.32
[223] vgl. Hafner, Meier 1993, S.96

druck eines unbewussten, in der Kindheitsentwicklung verwurzelten, seelischen Konfliktes sind.[224]

Angstzustände

Angstzustände, auch Angstneurosen genannt, sind ein spontan auftretendes Angsterleben, oftmals ohne nachvollziehbaren Auslöser. Es handelt sich dabei um dauerhafte, zum Teil mehrmonatige und vor allem unangemessene exzessive Befürchtungen, Grübeleien oder Sorgen um ein oder mehrere Lebensbereiche (z.b. Gesundheit, Finanzen oder Partnerschaft). Diese Sorgenbereitschaft ist nicht zu kontrollieren bzw. einzudämmen. Typisch sind ständig erhöhte Erregung, Nervosität, Anspannung, Überwachheit und zahlreiche vegetative Beschwerden (Herz-Kreislauf, Atmung, Magen-Darm u.a.).[225]

Psychosen (z.B. Wahnerkrankung, Schizophrenie)

Psychosen sind schwere psychische Krankheiten, bei denen die betroffenen Personen in ihrem Kontakt zur Realität erheblich gestört sind. Man unterscheidet zwischen *exogenen Psychosen*, welche durch körperliche Krankheiten bedingt sind (z.B. Hirntumore, Fieber, Stoffwechselstörungen), und *endogenen Psychosen*, deren Ursachen zumeist ungeklärt sind (man vermutet erbliche sowie Umweltfaktoren).[226]

5.3 Auswirkungen der Multimorbidität

Die Multimorbidität im Alter wird aufgrund der zunehmenden Lebenserwartung eine immer größere Anzahl von Senioren betreffen.[227] Die demographische Entwicklung in Deutschland wird entscheidend dadurch beeinflusst, dass nicht nur die mittlere, sondern auch die fernere Lebenserwartung der Menschen zunimmt. Des

---

[224] vgl. http://www.hexal.de/subdomains/medizinlexikon/index.php?search=1&userInput=Neurose
[225] vgl. http://www.angst-informationen.de/artikel/angstzustaende_g-syndrom.htm
[226] vgl. Schäffler, Menche, Bazlen, Kommerell 1997, S. 1280
[227] Die häufigsten Diagnosen von Senioren ab 70 Jahren werden im Anhang 2 aufgezeigt und näher erläutert.

Weiteren steigen auch die Überlebenszeiten nach Unfällen oder Erkrankungen.

Kontrovers diskutiert wird vor allem die Frage, ob mit dem Anstieg des Anteils alter Menschen in der Gesellschaft automatisch die Zahl kranker und behinderter alter Menschen steigt (Medikalisierungsthese) oder ob die zusätzlich gewonnenen Jahre in erster Linie gesunde Jahre sind und Krankheit und Behinderung somit in noch höhere Altersgruppen verlagert werden (Kompressionsthese). Im Bericht der Enquete-Kommission „Demographischer Wandel" wird darauf verwiesen, dass beim aktuellen Wissensstand eine Synthese dieser beiden o.g. Möglichkeiten am wahrscheinlichsten erscheint. Es wird eine große Gruppe von Menschen geben, die im Alter gesund und aktiv ihr Leben gestalten können, aber ebenso auch einen anderen großen Teil älterer Menschen, die ihr Leben mit gesundheitlichen Einschränkungen führen müssen und auf Hilfestellungen verschiedenster Art angewiesen sein werden. Darüber hinaus steigt mit zunehmendem Alter das Erkrankungsrisiko, z.B. für Herz-/Kreislauferkrankungen, bösartige Tumoren sowie demenzielle Erkrankungen.[228]

Man kann also zwischen zwei verschiedenen Gruppen von Senioren unterscheiden: Zum einen die Senioren, die nur geringfügig von altersbedingten Einschränkungen betroffen und noch recht mobil sind. Diese Teilgruppe wird häufig als die „neuen Alten" bezeichnet und bedarf keiner spezieller touristischer Angebote, da sie weitgehend die „normalen" touristischen Programme nutzen kann.

Zum anderen die Senioren, die bereits von altersbedingten Einschränkungen betroffen und daher stärker auf spezielle Hilfs- und Unterstützungsangebote im Urlaub angewiesen sind. Diese Angebote beinhalten beispielsweise Hilfe zur Bewältigung alltäglicher Dinge, altengerechte Infrastruktur bis hin zu entsprechender medizinischer Versorgung.

---

[228] http://www.bmfsfj.de/Publikationen/genderreport/9-Behinderung/9-6-behinderte-frauen-und-maenner-im-alter.html

Auswirkungen der Multimorbidität sind (nach Art des Schweregrades):

- Mobilitätsbehinderung/-einschränkung
- Behinderung (bis zu einem Grad von 50%)
- Schwerbehinderung (ab einem Grad von 50%)

5.3.1 Definition von Mobilitätsbehinderung/-einschränkung

Das Bundesministerium für Verkehr führte im Jahr 1997 den Begriff der Mobilitätsbehinderung/-einschränkung ein. Hier wurde angenommen, dass der Anteil mobilitätsbehinderter bzw. - eingeschränkter Menschen ca. 30% der deutschen Bevölkerung ausmacht. Als mobilitätseingeschränkt gelten Personen, die im Alltag (und damit auch in reisespezifischen Situationen) Probleme bei der Bewegung und Orientierung im Raum haben. Hierzu zählen z.b. körperbehinderte, wahrnehmungsbehinderte oder sprachbehinderte Menschen sowie ältere Menschen und Menschen mit vorübergehenden Unfallfolgen. Auch kleine Kinder oder Mütter mit Kinderwagen werden zu dieser Personengruppe gezählt. Bei einer momentanen Bevölkerungszahl von ca. 82 Millionen Menschen wären unter diesen Kriterienknapp 25 Millionen Personen in Deutschland von einer Mobilitätsbehinderung betroffen. Hiermit wird deutlich, dass mobilitätsbehinderte Menschen für den Tourismus keine Nischenzielgruppe darstellen. Es geht ein erhebliches Nachfragepotenzial von dieser Zielgruppe aus, welches sich in den nächsten Jahren aufgrund des steigenden Anteils älterer Personen noch deutlich erhöhen wird.

Mobilitätsbehinderte Personen im engeren und weiteren Sinne sind z.B.:

- Gehbehinderte Personen
- Personen im Rollstuhl
- Blinde/ Sehbehinderte Personen

- Gehörlose/ Schwerhörige Personen
- Personen mit Sprach-/ Sprechstörungen
- Greifbehinderte Personen
- Ältere Personen (mit altersbedingten Einschränkungen)
- Psychisch/ Seelisch behinderte Personen
- Chronisch erkrankte Personen[229]

5.3.2 Definition von Behinderung

Um den Anteil behinderter Menschen an der Bevölkerung und damit das „Volumen" der Zielgruppe richtig einschätzen zu können, ist eine konkrete Beschreibung dieser Personengruppe nötig. Derzeit existieren mehrere Definitionen zur Bestimmung der Zielgruppe. Das Forum behinderter Juristinnen und Juristen definiert den Begriff der Behinderung wie folgt: „Behinderung liegt vor, wenn Menschen in der Teilhabe am Leben in der Gesellschaft infolge einer Einschränkung der körperlichen Funktionen, geistigen Fähigkeiten oder seelischen Gesundheit beeinträchtigt sind oder werden".[230]

Die Begriffsbestimmung der *WHO* ist inhaltlich sehr viel weiter gefasst. Dort werden drei Dimensionen der Behinderung herausgearbeitet:

- Gesundheitsschaden (impairment) auf körperlich-organischer, geistiger oder seelischer Ebene: z.B. Lähmung oder Hirnschädigung infolge einer Verletzung, gestörte Erlebnisverarbeitung
- Funktionelle Einschränkungen (disability): z.B. Einschränkung der Mobilität, der Denk- und Lernfähigkeit, der Kommunikation sowie der Verhaltensweisen

---

[229] ADAC 2003, S.14
[230] vgl. ADAC 2003, S.12

- Soziale Beeinträchtigung (handicap): Soziale Benachteiligung in den verschiedenen Lebensbereichen, als Folge des Gesundheitsschadens sowie der funktionellen Einschränkung.[231]

5.3.3 Definition von Schwerbehinderung

Als schwer behinderte Menschen gelten Personen, denen von den Versorgungsämtern ein Grad der Behinderung von mehr als 50% zuerkannt worden ist. In Deutschland waren Ende 2003 6,6 Mio. Menschen als Schwerbehinderte amtlich anerkannt. Dies entsprach einem Anteil von 8% der Bevölkerung. Behinderungen treten vor allem bei älteren Menschen auf. Über die Hälfte der schwer behinderten Menschen waren älter als 65 Jahre. 22% sind zwischen 55 und 65 Jahre alt und lediglich 2% unter 18 Jahre alt. In den meisten Fällen (84%) wurde die Behinderung durch eine Krankheit verursacht, nur 5% der Behinderungen sind angeboren.[232] Bei 27,3 % waren die inneren Organe bzw. Organsysteme betroffen (vgl. Tabelle 19).

Art der Behinderung	Anteil in %
Verlust/ Funktionseinschränkung von Gliedmaßen, Entstellungen, Kleinwuchs etc.	32,5
Blindheit und Sehbehinderung	5,3
Sprach-/ Sprechstörung, Gleichgewichtsstörung	4,1
Beeinträchtigung von Funktionen der inneren Organe	27,3
Querschnittslähmung	0,3
Zerebrale Störungen	8,3
Störungen der geistigen Entwicklung	3,8
Psychosen, Neurosen, Persönlichkeits-/ Verhaltensstörungen	3,4
Suchtkrankheiten	0,5
Sonstige Behinderungen	14,5

Tabelle 19: Schwerbehinderte Menschen in Deutschland (nach Art der schwersten Behinderung)[233]

---

[231] vgl. BMGS 1999, S.7
[232] vgl. www. destatis.de/allg/d/veroe/behinderte.htm
[233] Quelle: ADAC 2003, S.13

Umfassende Untersuchungen zum Thema Behinderung sowie zum Anteil der von Behinderung betroffenen Senioren sind in der Bundesrepublik nicht zu finden. Weder stehen valide Zahlen über die tatsächliche Anzahl behinderter Personen (und somit auch behinderter Senioren) an der Gesamtbevölkerung zur Verfügung, noch existieren Informationen über deren Lebensformen und die damit zusammenhängenden Problemsituationen.[234]

Für die Beschreibung des Seniorenanteils an der Gruppe der behinderten Menschen wird nachfolgend eine Studie des *Bundesministeriums für Wirtschaft und Arbeit (BMWA)* vorgestellt. Hier wurden im Jahr 2003 über 4000 behinderte Menschen nach ihrem Reiseverhalten befragt. Die Aufteilung nach Altersklassen ergab sich wie folgt:

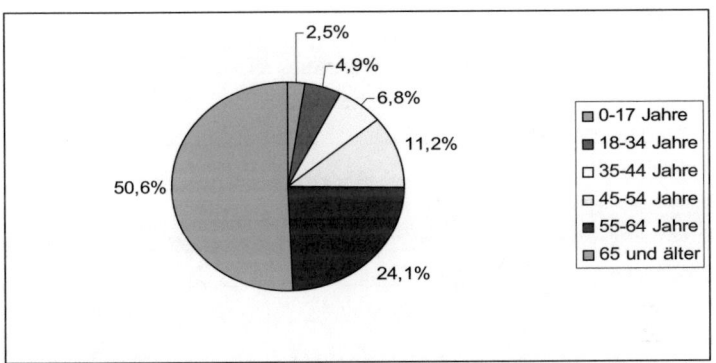

Abbildung 25: Altersstruktur mobilitätseingeschränkter/ behinderter Personen[235]

Die Grafik zeigt, dass über 24 % der Befragten Personen im Alter von 55-64 Jahren waren, über die Hälfte 65 Jahre und älter. Diese beiden Altersklassen machen also laut dieser Studie 75% der mobilitätseingeschränkten/ behinderten Personen aus.

---

[234] vgl. BMGS 1999, S.8
[235] Quelle: BMWA 2003, S.7

5.4 Die Nachfrage nach Reisen mobilitätseingeschränkter und behinderter Personen

Die Reiseintensität mobilitäts- und aktivitätseingeschränkter Personen lag im Jahr 2002 bei 54,3% und damit deutlich unter der der Gesamtbevölkerung (75,3%). Jeder von ihnen unternahm durchschnittlich 1,3 Reisen pro Jahr, bei einer durchschnittlichen Reisedauer von 14 Tagen. Bezieht man diese Daten auf die Anzahl schwer behinderter Menschen in Deutschland, unternahmen etwa 4,7 Millionen schwer behinderte Menschen mindestens eine Urlaubsreise pro Jahr.

Bei der Gruppe der mobilitätseingeschränkten Personen käme man sogar auf weit über 10 Millionen Urlaubsreisen pro Jahr. Des Weiteren muss berücksichtigt werden, dass behinderte Personen in den seltensten Fallen alleine verreisen. Jeder behinderte Reisende wird von durchschnittlich 1,5 Begleitpersonen betreut.[236]

Urlaubsreisen behinderter Menschen	
Urlaubsreisen pro Jahr	1,3
Durchschnittl. Reisedauer	13,9 Tage
Deutschland als Urlaubsziel	41,20%
Reiseausgaben pro Person	945 €
Reiseverkehrsmittel	
PKW/ Wohnmobil	44,10%
Flugzeug	22,10%
Bus	17,90%
Bahn	15,00%

Tabelle 20: Kennzahlen zum Urlaubsverhalten behinderter Menschen[237]

5.5 Reiseangebote für mobilitätseingeschränkte und behinderte Personen

Für viele touristische Anbieter ist die Überlegung, Angebote für die Zielgruppe mobilitätseingeschränkter sowie behinderter Menschen bereitzustellen, noch etwas völlig Neues. Die Entwicklung

---

[236] vgl. ADAC 2003, S.16
[237] Quelle: ADAC 2003, S.17 (verändert)

dieses Marktsegments ist in Deutschland im Vergleich, z.B. zum amerikanischen oder skandinavischen Raum, noch weit zurück. Eine grundlegende Anerkennung von mobilitätseingeschränkten und behinderten Menschen als touristische Zielgruppe ist bei der Mehrzahl der touristischen Destinationen und Reiseanbieter noch nicht erfolgt.[238]

Es gibt aber einige Reiseveranstalter, die sich auf dieses Marktsegment spezialisiert haben und erfolgreich am Markt agieren. Diese Veranstalter zeichnen sich z.B. aus durch:

- individuelle Betreuung während der gesamten Reise
- medizinische Versorgung/ Kurzzeitpflege vor Ort
- Ergotherapie /Krankengymnastik vor Ort
- Rollstuhlgerechte(r) Transport /Unterkunft
- spezielle Behinderten- Fahrdienste
- speziell geschultes Personal
- spezielle Verkostung (Diät-/ Diabetiker-/ Schonkost)

---

[238] vgl. ADAC 2003, S:9

6 Angebote an Seniorenreisen unter Berücksichtigung der besonderen Verhältnisse – eine empirische Untersuchung

Die vorangegangenen Abschnitte haben die zunehmende Bedeutung der multimorbiden Senioren für die Tourismusbranche verdeutlicht. Zusammengefasst konnte Folgendes herausgearbeitet werden: Die Zielgruppe der Senioren sowohl mit als auch ohne altersbedingte, gesundheitliche Einschränkungen

- wird quantitativ und im Verhältnis zu den jüngeren Bevölkerungsgruppen immer größer
- ist finanziell gut abgesichert
- möchte nachholen, was im bisherigen Leben aufgrund zeitlicher Einschränkungen nicht möglich war.

Für Reiseveranstalter, die sich auf die Zielgruppe der Senioren einstellen, können sich lukrative und dauerhafte Marktchancen eröffnen. Dazu müssen diese ihr Handeln und ihre Produkte allerdings an die verschiedenen und individuellen Bedürfnisse ihrer Kunden ausrichten.

Die Frage, inwieweit dieses bereits für die Zielgruppe der multimorbiden Senioren geschehen ist oder aber von den Anbietern in ihrem Programm noch nicht berücksichtigt worden ist und welche Gründe hierfür ausschlaggebend sind, soll die folgende, schriftliche Befragung beantworten.

Die Darstellung der empirischen Untersuchung zum Seniorenreisemarkt und zu Reiseangeboten für multimorbide Senioren beruht auf einer Befragung, die bei verschiedenen Reiseanbietern in Deutschland durchgeführt wurde. Zunächst wird die allgemeine Konzeption der Untersuchung dargestellt, bevor im weiteren Verlauf die Ergebnisse im Einzelnen präsentiert werden.

6.1 Konzeption der Untersuchung

Die Untersuchung erfolgte im Zeitraum vom 20.01.2006 bis einschließlich 06.02.2006. An dieser Befragung haben 15 Reiseanbieter teilgenommen. Die einzelnen Aspekte zur Umsetzung werden nachfolgend erörtert.

6.1.1 Auswahl des Erhebungsinstruments

Als Erhebungsinstrument wurde eine quantitative Methode der Datenerhebung, die einmalige schriftliche Befragung per „papierbasiertem" Fragebogen in postalischer Form, gewählt.[239] Aufgrund der spezifischen Vorteile einer schriftlichen Befragung erschien dieses Erhebungsinstrument geeignet für die Ziele der Untersuchung. Zu diesen Vorteilen zählen etwa die „ehrlicheren Antworten" gegenüber einer Interview-Situation, die „überlegteren Antworten" der Befragten oder die größere Konzentration auf das Thema. Die Nachteile der schriftlichen Befragung, wie etwa eine höhere Ausfallquote oder die möglichen „externen und nicht zu kontrollierenden Einflüsse auf die Antwortsituation", konnten hier in Kauf genommen werden.[240]

6.1.2 Ziele der Befragung

Die gesamte Befragung verfolgte mehrere parallele Ziele. Zunächst sollten entlang des theoretischen Teils der vorliegenden Untersuchung schwerpunktmäßig einzelne Aspekte aus den Themenfeldern Seniorenreisenmarkt und Reiseangebote für multimorbide Senioren abgefragt werden. Dieses sollte einen intensiveren Theorie-Praxis-Bezug herstellen und exemplarisch den aktuellen Status quo des deutschen Seniorenreisemarktes unter Berücksichtigung von Multimorbidität erfassen. Ein wesentliches Ziel lag weiterhin darin, die in der Literatur zu findenden Sichtweisen auf das Thema Seniorentourismus und vor allem die Erklärungsansätze für die geringe Verbreitung der Angebote für multimorbide Senioren einer kriti-

---

[239] siehe Anhang 3: Fragebogen
[240] vgl. zu Vor- und Nachteilen der postalischen Befragung Schnell, Hill, Esser 1999, S. 336 f.

schen Überprüfung zu unterziehen. Damit zusammenhängend sollte für diese Stichprobe insbesondere beispielhaft überprüft werden

- welche spezifischen Reiseangebote für Senioren von den Reiseveranstaltern angeboten werden
- welche Zusatzangebote in Hinblick auf die Multimorbidität dieser Zielgruppe von den Reiseveranstaltern angeboten werden
- welche Gründe für die Anbieter von Reisen ausschlaggebend sind, dass keine Reisen für die Zielgruppe der Senioren mit und ohne Erkrankungen angeboten werden
- wie sich der Seniorenreisemarkt aus Sicht der Anbieter in der Vergangenheit entwickelt hat und gegenwärtig sowie zukünftig entwickeln wird.

6.1.3 Auswahl der Unternehmen und Durchführung der Befragung

Die Befragung wurde in Form einer Teilerhebung durchgeführt. Die quantitative Begrenzung der Auswahl der Reiseveranstalter wurde gewählt, um eine bezüglich der zeitlichen (sowie finanziellen und personellen) Beschränkung dieser Untersuchung praktikable bzw. umsetzbare Lösung zu erhalten. Aus diesem Grund wurde auch die Perspektive der Reiseanbieter gewählt, da eine Befragung der Nachfrager von Seniorenreisen dem zeitlichen und personellen Rahmen dieser Untersuchung nicht gerecht geworden wäre und die Auswahl einer repräsentativen Grundgesamtheit nur unter erschwerten Bedingungen möglich gewesen wäre.

Die konkrete Erhebungs-Grundgesamtheit, auf die sich die Aussagen der Untersuchung beziehen, bildeten 40 Reiseveranstalter im gesamtdeutschen Raum:

Monorama Touristik	Öger Tours GmbH
Lotus Travel Service GmbH	Eberhardt Travel GmbH
DERTOUR GmbH & Co.KG	Dr. Holiday GmbH
Neckermann Reisen	Kultour-Service
Frosch Touristik GmbH	Windrose Fernreisen Touristik GmbH
TUI Interactive GmbH	Theuerkorn & Klüger GbR
LTU Touristik Gesellschaft mbH	Schechinger-Tours
Meier`s Weltreisen	Aufwind-Freizeiten
Club Med	Nachbarland-Reisen GmbH
Airtours International GmbH	Schmetterling-Reisen GmbH & Co.KG
Miller Reisen GmbH	Reiseclub für Senioren e.V.
FTS Fly & Travel Service	Kur- und Touristik GmbH
1-2 Fly GmbH	BCT-Touristik
Otto Reisen GmbH	Südbayerische ADAC Wirtschaftsdienst GmbH
Kreativ-Reisen	Attika Reisen GmbH & Co.KG
Schauinsland Reisen	Bewusster-Reisen
Ibero Tours GmbH	DSI Reisen GmbH
Berge & Meer Touristik GmbH	Behinderten- und Seniorenreisedienst
Classic Golf Tours- Reisen	RFB-Touristik
Olimar Reisen Vertriebs GmbH	Bauereisen

Abbildung 26: Erhebungs-Grundgesamtheit der Reiseveranstalter[241]

Die Reiseanbieter wurden willkürlich aufgrund der jeweiligen Internetpräsenz ausgesucht, wobei die größten bzw. bekanntesten Reiseanbieter auf dem deutschen Markt gezielt mit in die Untersuchung einbezogen wurden. Auch wurden einige spezielle Nischenanbieter für Seniorenreisen sowie für Reisen für Personen mit Erkrankungen und Behinderungen für die Untersuchung herangezogen.

Mit diesen Unternehmen (bzw. nach Möglichkeit mit den jeweiligen Verantwortlichen für das Seniorensegment, um einen für die

---

[241] Quelle: eigene Erstellung

Fragestellungen kompetenten Ansprechpartner zu haben) wurde ein erster ankündigender Kontakt aufgenommen. Primär sollte dadurch die Rücklaufquote erhöht werden. Es wurden einzelne Hintergrundinformationen gegeben und Anonymität zugesichert.

Des Weitern konnten die Reiseveranstalter aus der Befragung ausgeschlossen werden, die kein Interesse an einer schriftlichen Befragung hatten und die Teilnahme verweigerten. So wurde der Fragebogen letztendlich inklusive Begleitschreiben an 40 Reiseveranstalter verschickt, die ihre Zustimmung gaben bzw. keine grundsätzliche Ablehnung zu einer Befragung äußerten. Es antworteten schließlich (nach fallweise nachfassenden Telefonaten und E-Mails) 15 Unternehmen, was, bezogen auf die Stichprobe, einer Rücklaufquote von 37,5 % entspricht.[242]

6.1.4 Fragebogenaufbau

Der Fragebogen bestand aus 18 Fragen, wobei durch zweimalige Filterung kein teilnehmendes Unternehmen alle Fragen zu beantworten hatte.[243]

Im Teil A des Fragebogens wurde (nach einer einleitenden und für die Thematik sensibilisierenden Frage und nach einer Filterfrage, durch die die Seniorenreiseanbieter von den Reiseveranstaltern, die keine spezifischen Angebote für die Zielgruppe der Senioren anbieten, getrennt wurden) nach speziellen Reiseangeboten für Senioren gefragt. Teil B befasste sich explizit mit dem Reiseangebot für Senioren mit altersbedingter Multimorbidität bzw. Behinderung.

Nach einer selektierenden Filterfrage wurde nach den Reiseangeboten für verschiedene Formen von Einschränkungen und Behinderungen für diese Zielgruppe, den Zusatzangeboten auf Reisen

---

[242] Diese Rücklaufquote ist als hoch zu charakterisieren. Die durchschnittliche Rücklaufquote für schriftliche Befragungen liegt bei ca. 10 %.
[243] Maximal mussten 14 Fragen beantwortet werden. Dies betraf die Unternehmen, die sowohl Seniorenreisen als auch Reisen für Senioren mit altersbedingten Erkrankungen/ Behinderungen anbieten.

und nach speziellen Vorkehrungen und Ausstattungen bei der Beförderung und Unterkunft gefragt. Die „Nicht-Seniorenreiseanbieter" sollten sich in den folgenden Fragen zu ihren zukünftigen Plänen und zu den Gründen für ihren Seniorenreise-Verzicht äußern. Im soziodemographischen allgemeinen Teil C zum Abschluss des Fragebogens wurde nach Alter des Unternehmens, Mitarbeiterzahl und Zuständigkeit für das Seniorensegment gefragt.

Es kamen im Fragebogen fast nur geschlossene Fragen (bzw. vereinzelte „Hybridfragen" mit jeweils einer offen auszufüllenden Antwortalternative) zur Anwendung. Die Vorteile der geschlossenen gegenüber den offenen Fragen überwogen hier vor allem deshalb, da zu befürchten war, dass das Thema Seniorenreisen unter Berücksichtigung von Multimorbidität bei einigen Veranstaltern noch relativ unbekannt war.[244] Somit ließen die Antwortvorgaben eine höhere Verwertbarkeit der Befragungsergebnisse und zudem eine bessere Vergleichbarkeit durch eine gewisse Standardisierung erwarten. Weiterhin kamen zwei Ausschlussfragen zur Anwendung. Die zu messenden Merkmale waren überwiegend nominalskaliert, vereinzelt auch ordinalskaliert.[245] Diese Skalenniveaus wurden u.a. gewählt, um ein „schnelles und einfaches" Antworten für die Befragten zu ermöglichen und somit den Rücklauf zu erhöhen.

6.2 Ergebnisse der Befragung

Es werden nach einigen Hinweisen zur Auswertung und zur Repräsentativität der Erhebung zunächst die allgemeinen und die Stichprobe charakterisierenden Untersuchungsergebnisse, dann die Befunde zum Seniorenreisemarkt und schließlich die Ergebnisse zum Bereich Angebote für multimorbide bzw. behinderte Senioren vorgestellt und diskutiert.[246]

---

[244] Zu den allgemeinen Vor- und Nachteilen von geschlossenen Fragen vgl. Hafermalz, 1976, S. 195 f.
[245] vgl. Bühner 2004, S.70
[246] Dabei werden vereinzelt Querverweise auf bereits behandelte Kapitel dieser Arbeit gegeben, um ein einfaches Nachvollziehen der konkreten „Theorie-Praxis-Verknüpfung" zu ermöglichen.

6.2.1 Hinweise

Es wurden im Zuge der Auswertung ausschließlich eindimensionale und zweidimensionale Häufigkeitsverteilungen berechnet, die die grundlegenden Aussagen sehr gut sichtbar werden lassen. Weitergehende statistische Analysen wurden verworfen. Zum einen sind die Fragen des Fragebogens mit einigen ordinalskalierten Ausnahmen überwiegend nominalskaliert, so dass sinnvolle bzw. aussagekräftige Berechnungen von Lage- oder Streuungsparametern nicht möglich sind. Auch Zusammenhangsbeziehungen sind bei nicht-metrischem Skalenniveau nur mit großen Vorbehalten und Schwierigkeiten zu bestimmen.[247] Zum anderen ist die Stichprobengröße zu gering, als dass z.B. ein Chi^2-Test hier eine wesentliche Aussagekraft hätte.[248]

Vorangestellt wird zur allgemeinen Übersicht eine Unterteilung der Reiseveranstalter, welche sich durch die Filterführung im Fragebogen bzw. durch die Aktivitäten auf dem Reisemarkt für Senioren sowie dem Reisemarkt für Senioren mit altersbedingten Erkrankungen/ Behinderungen der Anbieter auf diesem Markt ergibt. So lassen sich drei Typen von Reiseveranstaltern ausmachen:

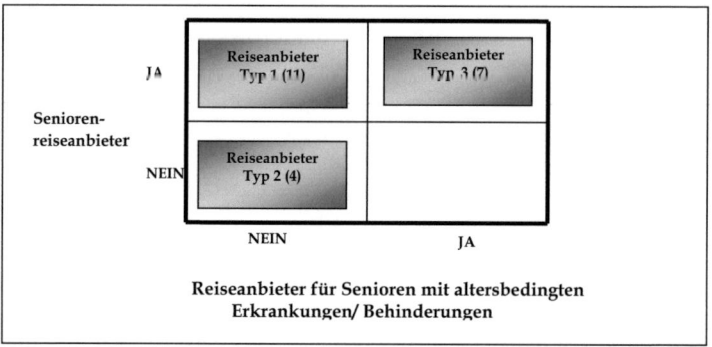

Abbildung 27: Einteilung der Unternehmen nach den jeweiligen Aktivitäten auf dem Seniorenreisemarkt[249]

---

[247] vgl. Kobelt, Steinhausen 2000, S. 102.
[248] vgl. Kobelt, Steinhausen 2000, S. 312.
[249] Quelle: eigene Erstellung

Die Abbildung zeigt, dass die absolute Zahl an befragten Unternehmen in jeder Klasse (in Klammern) relativ gering ist. Bezogen auf die (ebenfalls geringe) Erhebungs-Grundgesamtheit der Reiseveranstalter kann zwar möglicherweise von einer gewissen Repräsentativität gesprochen werden, da immerhin von knapp 40% der Unternehmen aus der Erhebungs-Grundgesamtheit die beantworteten Fragebögen vorliegen. Darüber hinaus erhebt die Befragung aber keinen Anspruch auf Repräsentativität! Ausdrücklich soll hier angemerkt werden, dass die Ergebnisse lediglich als exemplarisches Stimmungsbild zu sehen sind und keine Ambitionen auf weitergehende Allgemeingültigkeit besitzen.

6.2.2 Allgemeiner Teil

Die befragten 15 Reiseveranstalter verteilen sich in Bezug auf die Anzahl der Mitarbeiter folgendermaßen:

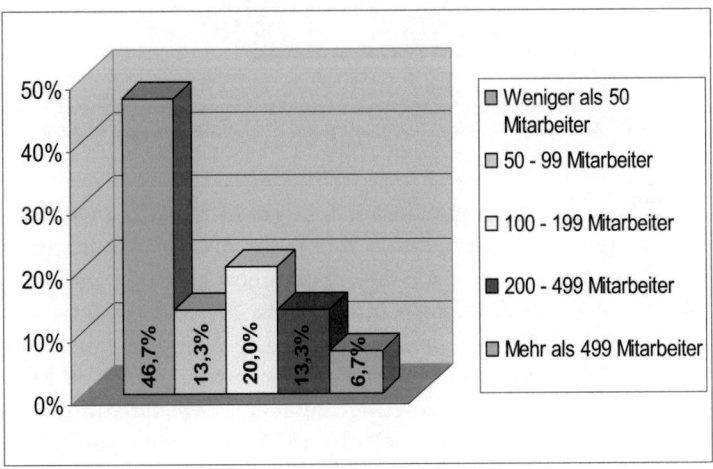

Abbildung 28: Anzahl der Reiseveranstalter nach Mitarbeitergrößenklassen[250]

---

[250] Quelle: eigene Erstellung

Der überwiegende Teil der Stichprobe betrifft Reiseveranstalter mit einer Mitarbeiterzahl von weniger als 50 Mitarbeitern (46,7%), gefolgt von Unternehmen mit einer Mitarbeiterzahl von 100-199 Mitarbeitern (20,0%).

Für das Seniorensegment sind bei 53,3% der Reiseveranstalter die Alleininhaber bzw. Eigentümer zuständig, häufig sind auch andere Bereiche ebenfalls zuständig, z.B. PR/ Verkaufsförderung oder die Marketingabteilung (Mehrfachnennungen waren möglich). Unter „Sonstige" fielen vor allem das Produktmanagement sowie der Reisevertrieb.

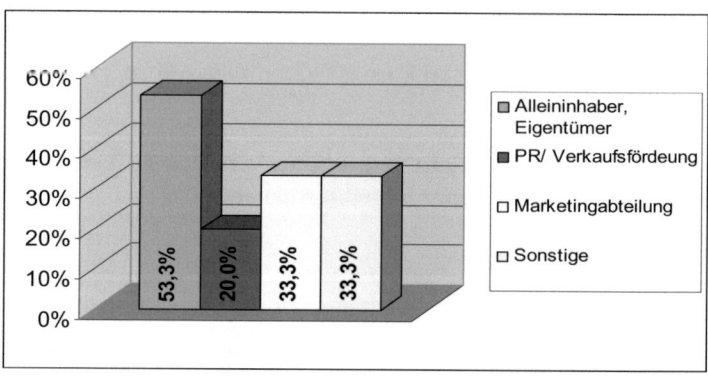

Abbildung 29: Zuständigkeit für das Seniorensegment (Mehrfachnennungen möglich) [251]

Es kann bei einer genaueren Analyse festgehalten werden, dass bei dem (einen) Unternehmen mit mehr als 499 Mitarbeitern das Produktmanagement für das Seniorensegment zuständig ist (100,0%), bei den Anbietern mit 200 bis 499 Mitarbeitern sind die PR/Verkaufsförderung (50,0%) sowie die Marketingabteilung zuständig (50,0%). Bei den Unternehmen mit weniger als 50 Mitarbeitern sind überwiegend die Alleininhaber/ Geschäftsführer für die Zielgruppe der Senioren zuständig (87,5%), in eher geringem Umfang die Marketingabteilung (12,5%). Somit scheint die Unternehmensgröße einen Einfluss auf die Zuständigkeit für das Seniorensegment zu haben.

---

[251] Quelle: Eigene Erstellung

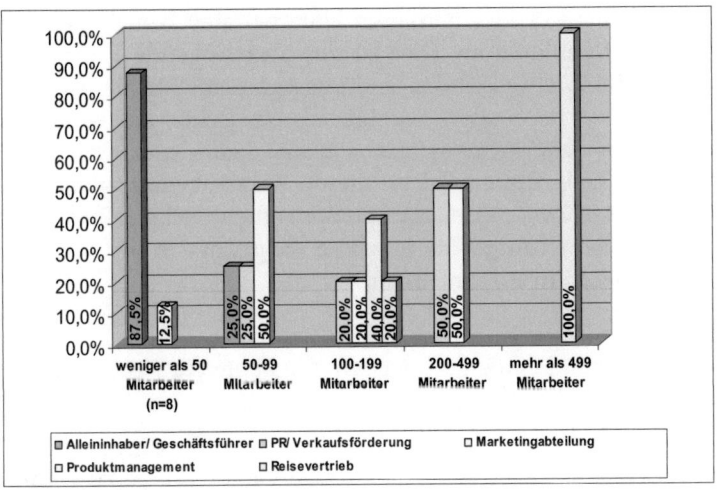

Abbildung 30: Zuständigkeit für das Seniorensegment nach Unternehmensgröße[252]

6.2.3 Befunde zum Seniorenreisemarkt

Zunächst wurden die Reiseveranstalter gefragt, ob sie überhaupt spezielle Angebote für die Zielgruppe der Senioren anbieten. Diese Frage diente als Filterfrage und wurde von allen Veranstaltern wie folgt beantwortet:

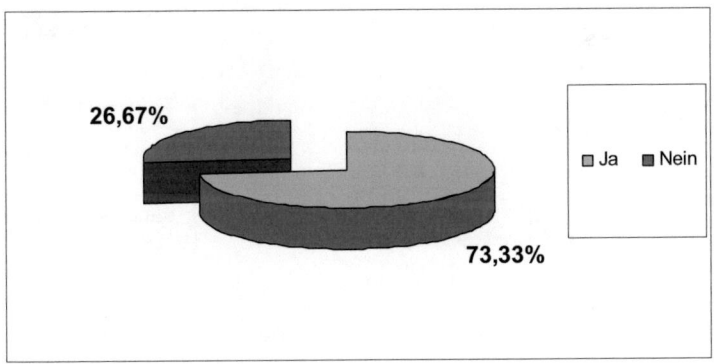

Abbildung 31: Angebot an Reisen für die Zielgruppe der Senioren[253]

---

[252] Quelle: eigene Erstellung
[253] Quelle: eigene Erstellung

73,3% (n=11) der befragten Unternehmen bieten spezielle Angebote für Senioren an. Dies ist der überwiegende Teil und unterstreicht die Wichtigkeit des Seniorensegements für die Anbieter von Reisen. Aber auch etwas weniger als ein Drittel der befragten Unternehmen (26,67%, n=4) bieten (noch) keine speziellen Angebote für diese Zielgruppe an. Von diesen Reiseanbietern planen 25% in der nächsten Zeit, Reisen für Senioren zu entwickeln, 75% gaben an, keine speziellen Angebote für diese Zielgruppe in der nächsten Zeit in ihr Programm aufzunehmen.

Als Gründe, keine speziellen Angebote für Seniorenreisen bereitzustellen,

gab ein Veranstalter an, dass die Kosten für die Spezialisierung zu hoch seien. Zwei Veranstalter meinten, dass eine zu geringe Resonanz der Zielgruppe vorherrschen würde. Unter den sonstigen Gründen wurde von einem Unternehmen aufgeführt, dass dieses mit Partnerunternehmen zusammenarbeite, welche auf die Zielgruppe Senioren spezialisiert seien. Ein anderer Veranstalter gab an, dass die Zielgruppenansprache allgemein nach Themen erfolge und somit auch zum Teil Senioren betreffe.

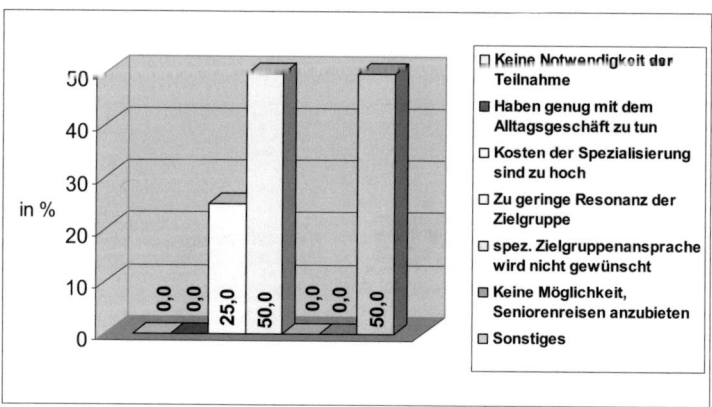

Abbildung 32: Gründe und Hindernisse, die gegen eine Teilnahme am Seniorenmarkt sprechen[254]

---

[254] Quelle: eigene Erstellung

Die Produkte der Veranstalter, die Seniorenreisen anbieten, richten sich an die folgenden Altersklassen, wobei Mehrfachnennungen möglich waren:

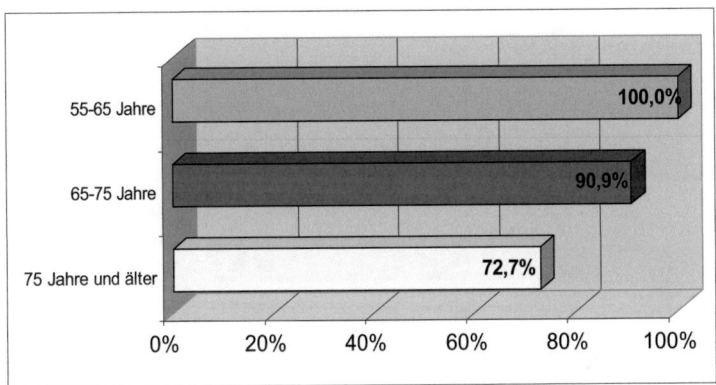

Abbildung 33: Angebote an Seniorenreisen nach Altersklassen[255]

Auffällig ist hierbei, dass alle Seniorenreiseanbieter für die Zielgruppe der Senioren im Alter von 55-65 Jahren Reisen anbieten (100%), mit zunehmendem Alter die Angebote allerdings zurückgehen (65-75 Jahre immerhin noch 90,9%, über 75 Jahre noch 72,2 %).

Dies kann zum einen daran liegen, dass mit zunehmendem Alter die Bereitschaft der Senioren zum Reisen aufgrund zunehmender körperlicher Einschränkungen sinkt[256] und es deshalb weniger Angebote gibt. Zum anderen nehmen die organisatorischen Notwendigkeiten bei Reisen für die älteren Senioren erheblich zu, was die Attraktivität dieses Segments für die Reiseveranstalter, z.B. aufgrund fehlender personeller oder finanzieller Ressourcen, einschränkt.

Die Destinationen, die als Reiseziele von den Reiseveranstaltern angeboten werden, stellen sich folgendermaßen dar (auch hier waren Mehrfachnennungen möglich):

---

[255] Quelle: eigene Erstellung
[256] vgl. Abschnitt 4.5

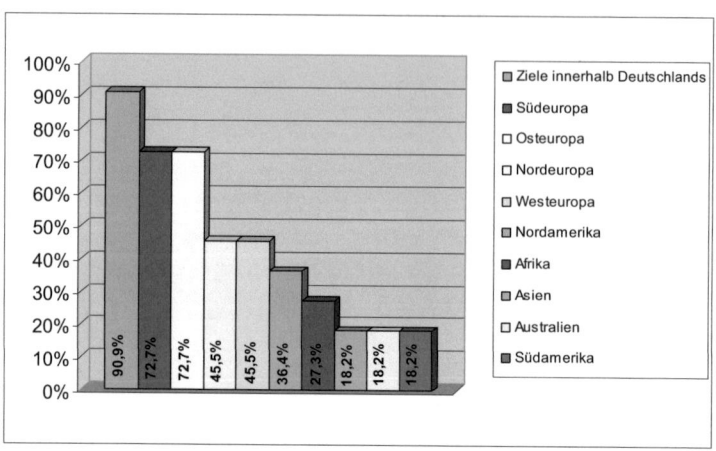

Abbildung 34: Angebote an Seniorenreisen nach Zielgebieten[257]

Hier bestätigt sich, dass vor allem Ziele innerhalb Deutschlands (90,9%) von den Reiseveranstaltern angeboten werden, da sie dieses Zielgebiet besonders präferieren.[258] Des Weiteren wird bevorzugt der angrenzende europäische Raum (Südeuropa und Osteuropa mit je 72,7%, Nord- und Westeuropa mit 45,5%) als Zieldestination von den Veranstaltern angeboten.

Auch hier kann gefolgert werden, dass lange und beschwerliche Reisewege von den Senioren nicht gewünscht werden, sondern mehr Wert auf schnelle Erreichbarkeit gelegt wird und dementsprechend auch das Reiseangebot von den Veranstaltern hierauf ausgelegt ist. Ein weiterer Grund könnte laut Bastian sein, dass Senioren weniger an weiten Flugreisen interessiert sind, da viele Senioren unter Flugangst leiden oder der modernen Technik gegenüber eher unaufgeschlossen sind.[259]

Die folgende Abbildung zeigt eine Kombination der Angebote in bestimmte Zieldestinationen für die jeweiligen Altersklassen der

---

[257] Quelle: eigene Erstellung
[258] vgl. Abschnitt 4.3.2
[259] vgl. Bastian 2000, S.182

Senioren. Auch hier zeigt sich, dass Reiseangebote im Inland den höchsten Anteil in allen Altersklassen besitzen, gefolgt vom angrenzenden europäischen Raum.

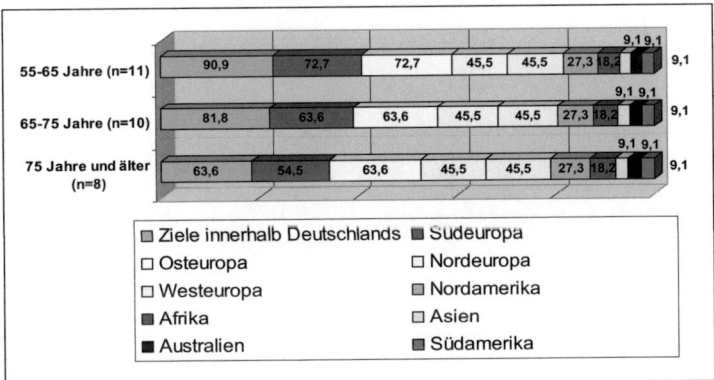

Abbildung 35: Angebote an Zieldestinationen für die verschiedenen Altersklassen der Senioren (in %)[260]

Auch hier erweist sich, dass für alle Altersklassen Ziele innerhalb Deutschlands am häufigsten von den Veranstaltern angeboten werden, womit dem Reiseverhalten und -wünschen der Senioren Rechnung getragen wird. An zweiter Stelle folgt der südeuropäische Raum (überwiegend Spanien sowie Italien)[261], gefolgt von Osteuropa. Bis auf Nordamerika (27,3%) werden Reisen in weiter entfernte Ziele nur in geringem Umfang für sämtliche Altersklassen von den Reiseveranstaltern angeboten.

Die verschiedenen Formen von Urlaubsreisen, die der Zielgruppe der Senioren angeboten werden, zeigt die folgende Abbildung.

---

[260] Quelle: eigene Erstellung
[261] vgl. Abschnitt 4.3.2

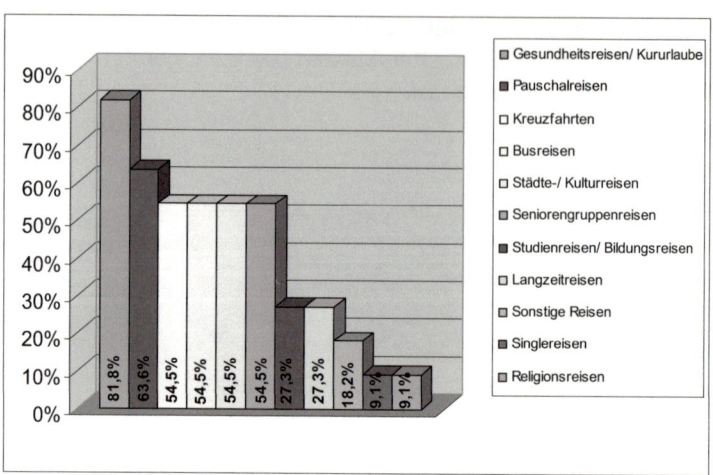

Abbildung 36: Arten von Urlaubsreisen für Senioren[262]

Die Grafik veranschaulicht, dass die Reiseveranstalter ihr Programm zum größten Teil auf Gesundheits- und Kururlaube (81,8%) ausgerichtet haben, da diese Arten von Reisen aufgrund zunehmender körperlicher Einschränkungen bzw. Beschwerden häufiger von Senioren wahrgenommen werden als von anderen Altersklassen.[263] Auffällig ist aber auch die relativ hohe Quote an Pauschalreisen (63,6%). Hier kann angenommen werden, dass eine große Anzahl rüstiger Senioren diese Reiseform wählt, die (noch) keine speziellen Angebote aufgrund gesundheitlicher Einschränkungen benötigen. Unter die „sonstigen Reisen" fallen Reisen speziell für Behinderte sowie ein eigener „Club Elan" für Senioren.

Auf die Frage, welche speziellen Hilfestellungen bzw. Zusatzangebote für die Zielgruppe der Senioren von den Veranstaltern bereitgestellt werden, antworteten diese wie folgt:

---

[262] Quelle: eigene Erstellung
[263] vgl. Abschnitt 4.2.2

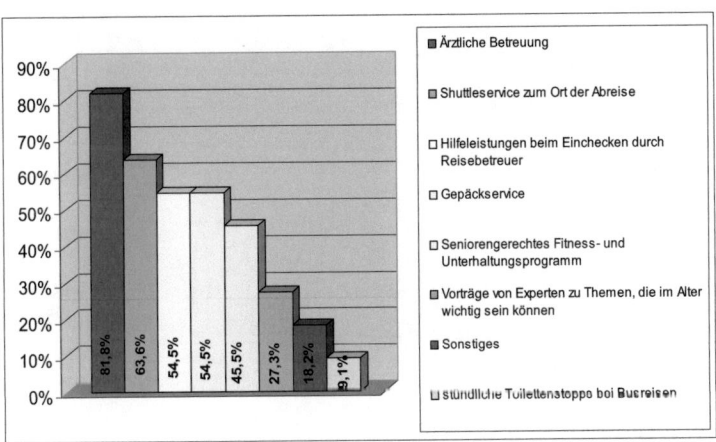

Abbildung 37: Spezielle Hilfestellungen und sonstige Angebote für Senioren auf Reisen[264]

Ärztliche Betreuung bieten 81,8% der Reiseveranstalter an, wodurch dem erhöhten Sicherheitsbedürfnis der Senioren aufgrund gesundheitlicher Einschränkungen Rechnung getragen wird. Der Shuttleservice (63,6%) vom Wohnort zum Ort der Abreise sowie die Hilfeleistung beim Einchecken und der Gepäckservice (je 54,4%) sind weitere häufige (sonstige) Angebotsleistungen, da Senioren besonderen Wert auf Bequemlichkeit und Service legen.[265] Ein seniorengerechtes Fitness- und Unterhaltungsprogramm bieten immerhin noch 45,5% der Anbieter am Urlaubsort an, gefolgt von Expertenvorträgen zu bestimmten Themen, die Senioren interessieren (als Beispiele sind hier Ernährungskurse, Präventionskurse, aber auch Sprach- und Computerkurse für Senioren zu nennen). Unter die sonstigen Angaben fällt die Betreuung und Pflege vor Ort sowie die Ausleihmöglichkeit spezieller Hilfsmittel für Senioren (Rollatoren, Strandrollstühle, Pflegehilfsmittel wie z.B. Personenlifter).

Die Einschätzung der Reiseveranstalter, wie sich die Bedeutung des Seniorenreisemarktes in den letzten fünf Jahren entwickelt hat, wie die gegenwärtige Entwicklung ist und wie der Markt sich zukünftig entwickeln wird, zeigt die folgende Abbildung:

---

[264] Quelle: eigene Erstellung
[265] vgl. Abschnitt 4.3.1

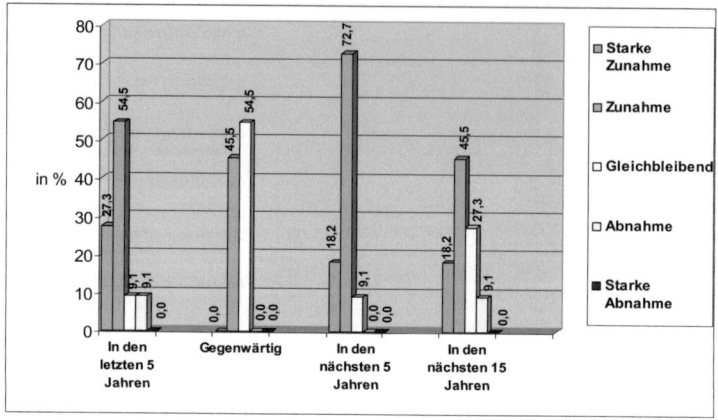

Abbildung 38: Entwicklung der Bedeutung des Seniorenreisemarktes[266]

Die Abbildung veranschaulicht, dass die Bedeutung des Seniorenreisemarktes für den Großteil der Reiseveranstalter in den vergangenen 5 Jahren zugenommen hat (54,5%) bzw. stark zugenommen hat (27,3%). Die Veranstalter gehen auch zukünftig (in den nächsten 5 Jahren 72,2%; in den nächsten 15 Jahren noch 45,5%) von einer Zunahme des Seniorenreisemarktes aus. Gegenwärtig legen 45,5% der Veranstalter eine Zunahme zugrunde, 54,5% sehen keine Veränderung in der momentanen Entwicklung des Seniorensegments. Nur ein ganz geringer Teil der befragten Unternehmen ist der Meinung, dass die Bedeutung des Seniorenmarktes abnehmen wird (gegenwärtig und in den nächsten 5 Jahren 0%, in den nächsten 15 Jahren 9,1%). Hier wird die Wichtigkeit des Seniorensegments für die Veranstalter aufgrund der demographischen Entwicklung sowie einer steigenden Lebenserwartung noch einmal deutlich.

6.2.4 Befunde zum Bereich Reiseangebote für multimorbide und behinderte Senioren

Zunächst wurden die Reiseveranstalter gefragt, ob sie überhaupt spezielle Angebote für Senioren mit altersbedingten Erkrankungen bzw. Behinderungen anbieten. Diese Frage diente als Filterfrage und wurde von allen Veranstaltern wie folgt beantwortet:

---

[266] Quelle: eigene Erstellung

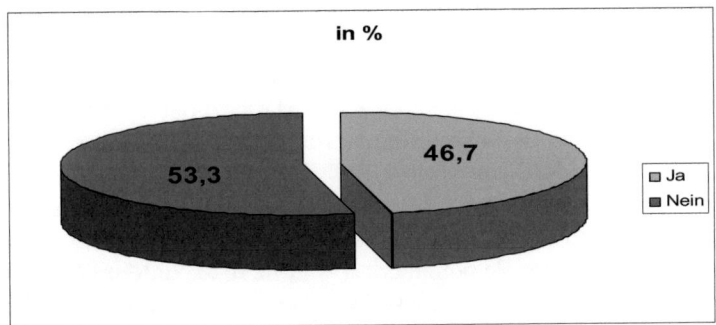

Abbildung 39: *Anbieter von Reisen für multimorbide Senioren*[267]

Nur etwas weniger als die Hälfte der befragten Unternehmen (46,7%, n=7) bieten spezielle Angebote für multimorbide Senioren an, über die Hälfte (53,3%, n=8) der Reiseveranstalter dagegen keine für diese spezielle Zielgruppe. Von den Anbietern, die keine speziellen Reiseangebote für multimorbide Senioren anbieten, planen 12,5% für die nächsten Jahren spezielle Angebote, 62,5% wollen eventuell ihr Programm diesbezüglich erweitern, und ein Viertel der befragten Unternehmen (25%) hat auch in Zukunft nicht vor, Reisen für Senioren mit altersbedingten Erkrankungen/Behinderungen in ihr Programm aufzunehmen.

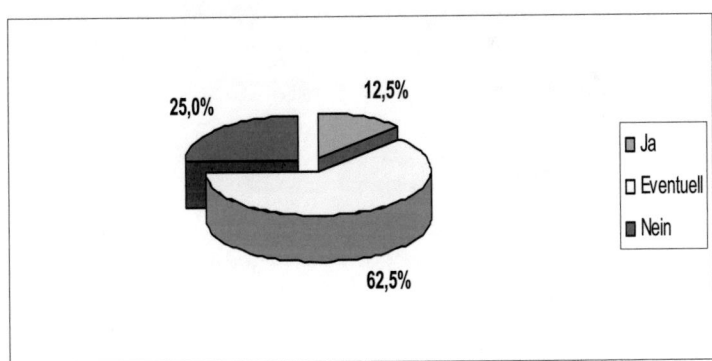

Abbildung 40: *Geplante Aufnahme von Reiseangeboten für multimorbide Senioren*[268]

---

[267] Quelle: eigene Erstellung
[268] Quelle: eigene Erstellung

In Hinblick auf die zukünftige demographische Entwicklung ist dieses Ergebnis ein Hinweis darauf, dass das potentielle Marktpotential von vielen Veranstaltern noch nicht erkannt wurde und der Markt für Reisen für multimorbide Senioren wohl noch immer ein Nischenprodukt für Spezialreiseveranstalter darstellt. Auf der anderen Seite muss berücksichtigt werden, dass auf diesem „Spezialmarkt" besondere Kenntnisse (z.B. über medizinische Bedürfnisse kranker und behinderter Menschen, über Barrierefreiheit etc.), aufwändige Planung und Organisation, ein erhöhter und teilweise hoch qualifizierter Personalbedarf und nicht zu unterschätzende Investitionskosten (barrierefreier Transport und Unterkunft) erforderlich sind, welche nicht von allen Veranstaltern aufgebracht werden können oder wollen.

Die Angebote der Veranstalter, die diese speziellen Seniorenreisen anbieten, stellen sich, betrachtet nach Form der Erkrankung bzw. Behinderung, folgendermaßen dar:

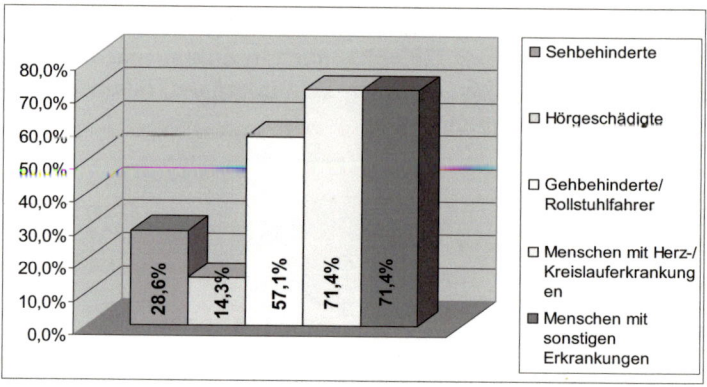

Abbildung 41: Reiseangebote nach Formen von Erkrankungen/ Behinderungen[269]

28,6% der Unternehmen bieten Reisen für sehbehinderte bzw. blinde Menschen an, nur 14,3% für hörgeschädigte Personen. Dies ist ein relativ geringer Anteil, wenn man bedenkt, dass das Nachlassen bzw. die Erkrankungen der Sinnesorgane im Alter einen erheb-

---

[269] Quelle: eigene Erstellung

lichen Anteil der Einschränkungen ausmachen.[270] 57,1% der Veranstalter bieten spezielle Reisen für mobilitätseingeschränkte/gehbehinderte Senioren bzw. Rollstuhlfahrer an. Die Mehrzahl der Unternehmen bieten Reisen für Menschen mit Herz-/ Kreislauferkrankungen sowie mit sonstigen Erkrankungen (jeweils 71,4%) an. Bei den sonstigen Reiseangeboten für Menschen mit Erkrankungen wurden spezielle Programme genannt für:

- Rheumatisch erkrankte Personen
- Personen mit Erkrankungen des Bewegungsapparates
- Reisen speziell für Diabetiker
- Reisen für Menschen mit psychischen Erkrankungen

Die folgende Abbildung zeigt die Zusatzangebote der Reiseveranstalter für die Zielgruppe der mutlimorbiden Senioren auf.

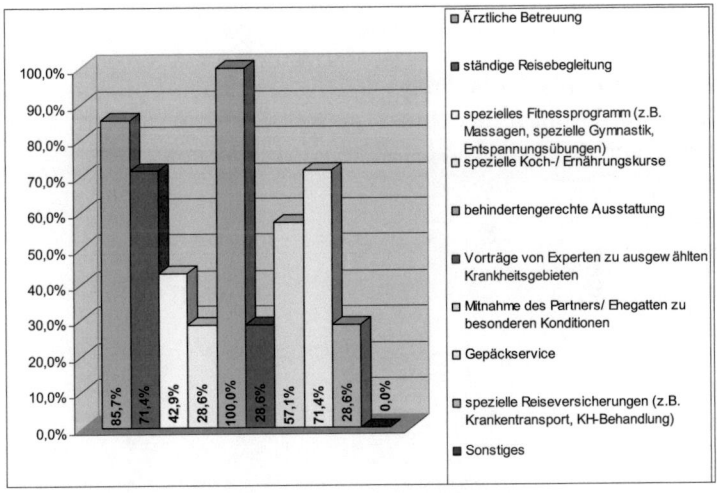

Abbildung 42: Spezielle Zusatzangebote für multimorbide Senioren[271]

Auffällig ist, dass alle befragten Veranstalter (n=7), die Reisen für multimorbide Senioren anbieten, eine behindertengerechte Aus-

---

[270] vgl. Abschnitt 5.1.1
[271] Quelle: eigene Erstellung

stattung zur Verfügung stellen. Dieses Ergebnis überrascht, wenn man berücksichtigt, welche speziellen und vielfältigen Anforderungen als auch kostenintensiven Maßnahmen hierfür erforderlich sind. Ein Grund hierfür könnte sein, dass diese spezielle Form von Seniorenreisen oftmals nur von Spezialreiseveranstaltern angeboten wird und die Frage nach Reiseangeboten für diese Personengruppe auch nur von diesen Veranstaltern beantwortet wurde. Ein Großteil der Veranstalter bietet ärztliche Betreuung auf Reisen an (85,7%), gefolgt von ständiger Reisebegleitung und speziellen Fitnessprogrammen (jeweils 71,4%). Zu diesen Programmen wurde von einigen Veranstaltern angeführt, dass individuelle Krankengymnastik sowie weitere therapeutische Maßnahmen (wie z.B. Ergotherapie) angeboten werden.

Auf die Frage, ob bei der Auswahl der Geschäfts- bzw. Vertragspartner der Reiseveranstalter (Beförderungsunternehmen, Hotels) auf spezielle Vorkehrungen für multimorbide bzw. behinderte Menschen geachtet wird, antworteten alle befragten Unternehmen mit „Ja".

Die anschließende Frage, welche speziellen Vorkehrungen von den Beförderungsuntenehmen getroffen werden (sofern bekannt), wurde von den Reiseveranstaltern wie folgt beantwortet:

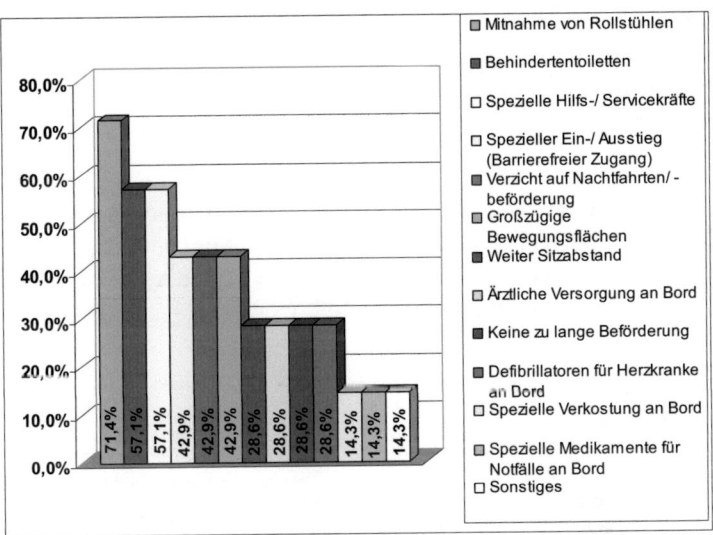

Abbildung 43: Vorkehrungen bei der Beförderung multimorbider/behinderter Personen[272]

Die Mitnahmemöglichkeit von Rollstühlen ist die am häufigsten angebotene Zusatzleistung bei der Beförderung (71,4%), gefolgt von dem Angebot an Behindertentoiletten sowie Begleitung und Unterstützung durch ausgebildete Hilfs- und Servicekräfte (jeweils 57,1%). 42,9 % der Reiseveranstalter bieten barrierefreie Zugangsmöglichkeiten zu den Beförderungsmitteln und großzügige Bewegungsflächen (vor allem wichtig für Rollstuhlfahrer und gehbehinderte Personen, z.B. mit Rollator) an.

Der gleiche prozentuale Anteil (42,9%) verzichtet gezielt auf Nachtfahrten, da eine Übernachtung, beispielsweise im Bus, den meisten mobilitätseingeschränkten bzw. behinderten Personen kaum zuzumuten ist. 28,6% der Anbieter achten darauf, ihren Gästen eine möglichst kurze Beförderung zum Zielort (dann eher in näher gelegene Destinationen) zu ermöglichen oder Hotelübernachtungen auf dem Weg zum Zielort zu organisieren, da längere Fahrten für diese Zielgruppe zumeist sehr anstrengend sind. Im medizinischen Bereich bieten ebenfalls 28,6% eine ärztliche Versorgung während der Beförderung an und halten Defibrillatoren für Herz-

---

[272] Quelle: eigene Erstellung

kranke bereit. Unter „Sonstiges" wurde von einem Anbieter genannt, dass Pflegeleistungen und die Bereitstellung von Hilfsmitteln (es wurde nicht genannt welche) bei der Beförderung angeboten werden.

Im zweiten Teil der Frage wurden die Unternehmen um Auskunft darüber gebeten, welche speziellen Angebote und Dienstleistungen am Zielort von den Veranstaltern bzw. den Vertragspartnern (Hotels, Pensionen etc.) bereitgestellt werden.

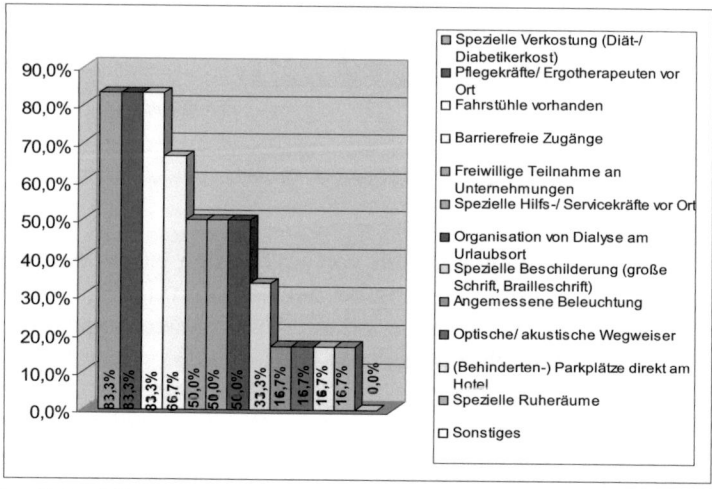

Abbildung 44: *Spezielle Vorkehrungen und Angebote für multimorbide/behinderte Senioren am Urlaubsort*[273]

Der ganz überwiegende Teil der Veranstalter (83,3%) bietet geeignete Verkostungsformen (Diät-/ Diabetiker-/ Schonkost), spezielle therapeutische Behandlungen (Krankengymnastik u. Ergotherapie) und geschulte Pflegekräfte am Urlaubsort an. Zudem werden von den meisten Anbietern Fahrstühle sowie barrierefreie Zugänge (u.a. im Eingangsbereich, Restaurant, Gästezimmer) am Zielort angeboten. Die Hälfte der Veranstalter bieten ihren Gästen eine freiwillige Teilnahme an etwaigen Unternehmungen, weitere spezielle Hilfs- und Servicekräfte und die Organisation von Dialysebehand-

---

[273] Quelle: eigene Erstellung

lung für nierenkranke/nierengeschädigte Personen an. Eine spezielle Beschilderung für sehbehinderte oder blinde Menschen bietet noch ein Drittel der befragten Unternehmen an. Die wenigsten Reiseveranstalter sorgen in den Unterkünften für eine angemessene Beleuchtung und akustische Wegweiser für Sehbehinderte sowie optische Wegweiser für hörgeschädigte bzw. taube Personen. Auch stellen nur wenige Behindertenparkplätze direkt vor dem Hotel zur Verfügung oder halten Ruheräume bereit (jeweils 16,7%).

Hiermit wurden die wesentlichen Untersuchungsergebnisse der Befragung dargestellt. Die detaillierten Auswertungen der einzelnen Fragenkomplexe finden sich im Anhang zu dieser Untersuchung.

6.3 Fazit der Untersuchung

Innerhalb der Sachaspekte dieser Untersuchung sollte die Erhebung in erster Linie eine exemplarische Funktion erfüllen. Auf das Problem der Repräsentativität wurde dabei bereits hingewiesen. Nicht zuletzt wegen des begrenzten Erhebungsumfangs im Rahmen dieser nicht schwerpunktmäßig empirischen Untersuchung können die gewonnenen Daten sicherlich ebenfalls nur einen begrenzten Anspruch auf Validität erheben.

Bei der Befragung zum Themenbereich „Reiseangebote für multimorbide Senioren" können Verzerrungen bei der Beantwortung der Fragen aufgetreten sein, da einige der befragten Unternehmen nicht ausschließlich Angebote für Senioren bereitstellen, sondern allgemein für behinderte bzw. mobilitätseingeschränkte Personen aller Altersklassen und Einschränkungen. Trotzdem konnten durch die Untersuchung für die Fragestellung dieser Untersuchung interessante Einsichten gewonnen werden. Diese unterstützen vielfach die Argumentation in der Literatur. Es konnte der aktuelle Status quo des Seniorenreisemarktes in Hinblick auf potentielle Multimorbidität exemplarisch festgestellt werden.

Es stellte sich heraus, dass medizinisch-pflegerische Leistungen für die Zielgruppe multimorbider Senioren unabdingbar sind. Diese sollen den Betroffenen Sicherheit und Unterstützung vermitteln. Es müssen differenzierte Urlaubsformen ermöglicht werden, um den jeweils individuellen Erkrankungen bzw. den unterschiedlichen Schweregraden von Erkrankungen am Urlaubsort gerecht zu werden. Nur so werden diese Menschen, die bisher aufgrund fehlender Angebote oftmals auf eine Reise verzichtet haben, sich dazu entschließen, eine Reise zu unternehmen.

Auch der Erlebnisfaktor sollte bei aller Abhängigkeit von Unterstützungsleistungen nicht vernachlässigt werden. Es müssen Angebote geschaffen werden, die z.B. leistbare Ausflüge und Besichtigungen für die Gruppe multimorbider Senioren beinhalten. Diese Menschen wollen die Unternehmungen und Hobbies, die sie in „jungen Jahren" in ihrer Freizeit bzw. im Urlaub gemacht haben, auch noch im Alter fortführen. Individuell zugeschnittene Urlaubsinhalte können hier zu einer deutlich verbesserten Lebensqualität beitragen, welche durch das Reisen hervorgerufen wird.

Die Auswertung sowie die Anzahl der Veranstalter, die überhaupt Reisen für die Zielgruppe multimorbider/ behinderter Senioren anbieten, verdeutlichen, dass der Umfang und die Bedeutung dieser Personen am gesamten Reiseverkehr und ihr marktwirtschaftliches Gewicht als Kunden von den Reiseanbietern überwiegend noch nicht hinreichend erkannt werden. Nur einige wenige Anbieter berücksichtigen explizit die Zielgruppe multimorbider/ behinderter Senioren. Es scheinen überwiegend Spezialreiseveranstalter zu sein, bei denen diese Personen eine bedeutende Rolle im Produktportfolio einnehmen. Dabei wird übersehen, dass diese Personengruppe bereits heute einen erheblichen Teil der Kunden der Reiseveranstalter ausmacht und dieses Marktsegment, wegen der zukünftig zu erwartenden Zunahme der Zahl älterer Menschen, ein erhebliches Wachstum aufweisen wird. Dabei sind es diejenigen Menschen vom Typ „ älterer Mobilitäts- bzw. Seh- und Hörbehinderter", die schon heute und immer stärker in Zukunft touristische Angebote nachfragen werden. Wichtig erscheint hier, dass sich deren Anforderungen an eine barrierefreie Ausstattung von Unterkünften und Transportmitteln nur wenig von denen unterscheiden, die auch für z.B. Rollstuhlfahrer gelten. Auch werden zusätzliche (und bisher wenig berücksichtigte) Aspekte aus dem audiovisuellen Bereich eine zunehmende Rolle spielen.

Das folgende Kapitel formuliert einige denkbare Maßnahmen zur Gestaltung von Reiseangeboten für Menschen mit altersbedingten, gesundheitlichen Einschränkungen und Behinderungen.

7 Handlungsempfehlungen zur Gestaltung von Seniorenreiseangeboten

Im Folgenden werden anhand der Auswertung der Ergebnisse der Befragung sowie anhand von Beispielen aus der Literatur Empfehlungen für die Gestaltung von Reiseangeboten für ältere Reisende tabellarisch dargestellt. Anschließend werden Handlungsempfehlungen für das Segment der multimorbiden/ behinderten Senioren stichpunktartig aufgelistet. Hierbei handelt es sich um Empfehlungen für die verschiedenen touristischen Leistungserbringer (Reisemittler/Reisebüro, touristisches Transportwesen, Hotellerie und Gastronomie sowie Reiseveranstalter).

7.1 Gestaltung von Reiseangeboten speziell für ältere Reisende

In der nachfolgenden Übersicht werden zunächst die wichtigsten zu beachtenden Aspekte für die Erstellung von Reiseprodukten für Senioren allgemein dargestellt. Die Übersicht beschreibt beispielhaft mögliche Programminhalte von Reisen für ältere und gesundheitlich eingeschränkte Menschen. Abschließend werden Anforderungen an Reiseprodukte speziell für multimorbide bzw. behinderte Senioren in Hinblick auf eine barrierefreie Gestaltung von Urlaubsangeboten vorgestellt.

Mögliche Einflussfaktoren	Bedürfnisse älterer Reisender	Folge für Reiseprodukte und -programme
Zunehmende Anfälligkeit für Krankheiten	• Gesundheit • Beibehaltung körperlicher Fitness • Korrekturen der Lebensführung • Geistig-seelische Auffrischung • Prophylaxe und Prävention • Rehabilitation nach Krankheiten	• Heil- und Kuranwendungen • Morgengymnastik mit Anleitung • Geführte Wanderungen • Dem Alter zuträgliche Sportarten • Sauna und Hallenbad im Hotel • Fahrradverleih • Ernährungs- und Gesundheitsberatung
Äußeres Erscheinungsbild ändert sich	• Jüngeres Aussehen	• Schönheitsanwendungen • Schlankheitskuren • Fitnessprogramme
Mobilitätsverlust	• Verbesserung der Mobilität • Möglichkeiten zur bequemen und sicheren Fortbewegung	• Kurze Anfahrtswege • Taxiservice zum Abfahrtsort • Gepäckservice • Hotel mit Fahrstuhl • Keine Flüge (da oft Flugangst)
Unsicherheit, nachlassendes Selbstvertrauen	• Sicherheit bei Kaufentscheidung	• Leistungen und Preise exakt darstellen • Umfangreiche Reisebeschreibung • Reiseleitung und ärztliche Betreuung • Serviceleistungen, Qualität hervorheben • Renommierte Hotels, Fluggesellschaften
Reduktion des Einkommens	• Finanzielle Absicherung	• Preiswerte Angebote (gutes Preis-Leistungsverhältnis) • Komplettangebote • Information über zusätzliche Ausgaben vor Ort
Abnehmende soziale Kontakte	• Geselligkeit und soziale Kontakte	• Gesellschaftsspiele (keine bloße Beschäftigungstherapie) • Unterhaltungsprogramme • Gemeinsame Veranstaltungen • Kontakt zu Gleichaltrigen und Jüngeren
Eintönigkeit im Alltag, Langeweile	• Abwechslung, Erlebnis, Aktivität	• Abwechslungsreiches Programm • Umfangreiches Reiseangebot • Angebot von Ausflügen am Urlaubsort • Reiseleitung (gibt individuelle Anregungen)
Bedeutungs- und Funktionsverlust	• Gesellschaftliche Akzeptanz und Integration	• Hotels/ Regionen auswählen, in denen Senioren willkommen sind • Herausgestellter Service • Produkte mit hoher sozialer Akzeptanz (z.B. Hochwertigkeit, Markenhotels) • Kulturelle Veranstaltungen

Mögliche Einfluss-faktoren	Bedürfnisse älterer Reisender	Folge für Reiseprodukte und -programme
Fremdbestimmtes Leben durch Beruf und Kinder	• Machen können, was man will	• Genügend Freizeit für eigene Gestaltungsmöglichkeiten einräumen • Keine Pflichtveranstaltungen (alles auf Freiwilligenbasis)
Zuviel Stress und Arbeit im bisherigen Leben	• Ruhe und Muße	• Belastung – Ausspannung kombinieren • Viel Freiraum lassen • Entspannungsübungen • Leichte sportliche Aktivitäten • Vor – oder Nachsaison
Abnahme der geistigen Leistungsfähigkeit durch Berufsaufgabe	• Bildung • Geistige Betätigung	• Bildung und Erholung kombinieren • Landestypische Veranstaltungen • Ziele mit historischer oder künstlerischer Bedeutung; Regionen, die länderkundlich oder ethnografisch interessant sind

Abbildung 45: Erstellung von Reiseprogrammen für ältere Menschen[274]

7.2 Empfehlungen für die Gestaltung von Reiseangeboten für die Zielgruppe multimorbider/ behinderter Senioren

Die folgenden Handlungsempfehlungen beruhen auf Informationen verschiedener Behinderten- und Seniorenorganisationen. Sie beinhalten konkrete Vorschläge, wie Reiseangebote für die Zielgruppe in Hinblick auf Organisation und Durchführung gestaltet sein sollen.

Die Handlungsempfehlungen sind nach folgenden gesundheitlichen Einschränkungen/ Behinderungen untergliedert:

- Gehbehinderte Reisende/ Reisende im Rollstuhl
- Sehbehinderte / Blinde Reisende
- Hörgeschädigte/ Gehörlose Reisende
- Reisende mit Herz-/ Kreislauferkrankungen und sonstigen internistischen Erkrankungen

---

[274] Quelle: Bastian 2000, S. 182 (verändert)

- Reisende mit psychischen Krankheiten bzw. Behinderungen

7.2.1 Vorabinformationen zu Reisezielen

Bereits vor Antritt einer Reise müssen für die Zielgruppe spezifische Informationen bereitgestellt werden, die einen Überblick über die Gegebenheiten am Zielort ermöglichen. Oftmals gibt es keine Informationen über die Zugänglichkeit eines Reiseziels für mobilitätseingeschränkte Personen (z.b. im Internet oder in Prospekten). Hier sollten relevante Daten wie z.b. die Zugänglichkeit touristischer Einrichtungen und spezielle Angebote für diese Personengruppen am Urlaubsort erhoben werden und in speziellen Broschüren oder auf der Internetpräsenz der Reisbüros bereitgestellt werden. Auch eine eigens angelegte Datenbank mit Auskünften über touristische Zieldestinationen für die Gruppe der mobilitätseingeschränkten/ behinderten Personen, auf welche die verschiedenen Reisebüros zugreifen können, ist eine Möglichkeit.

Gehbehinderte Reisende/ Reisende im Rollstuhl	• Zugänglichkeit der Sehenswürdigkeiten/ Freizeitangebote • Genaue Hinweise auf Hindernisse, z.B. Stufen und Türbreiten • Genaue Angaben über Unterkünfte (Stufen, Aufzug, Türbreite, Zimmer- und WC- Ausstattung) • Informationen zu speziellen Service- bzw. Dienstleistungen wie Transfermöglichkeiten, Stadtführungen, Pflege vor Ort etc.
Sehbehinderte/ Blinde Reisende	• Erhebung relevanter Daten vor Ort, z.B. über Zugänglichkeiten der Angebote, Auflistung aller nutzbaren Angebote und Orientierungshilfen (Sprachausgabe im Aufzug, tastbare Zimmernummern, geeignete Fußbodenstruktur etc.) • Kommunikation dieser Angebote in spezieller Broschüre • Informationsmaterialien in entsprechender Schrift (serifenlos, mind. 14pt. Schriftgröße, kontrastreiches Layout, Brailleschrift) • Informationen auf CD-Rom sowie Sprachausgabe
Hörgeschädigte/ Gehörlose Reisende	• Detaillierte Informationen zum Ausflugs-/ Urlaubsort im Vorfeld einer Reise in schriftlicher Form • Informationen zu speziellen Angeboten/ Aktionen (z.B. Stadtrundgänge u. Führungen in Gebärdensprache)
Herz-/ Kreislaufkranke, Reisende mit sonstigen internistischen Erkrankungen	• Informationen über ärztliche Betreuung beim Reisen • Informationen über vorhandene Medikamente/ Hilfsmittel am Ort und beim Transport • Informationen über Krankenhäuser am Zielort
Reisende mit psychischen Erkrankungen/ Behinderungen	• Umfassende und zuverlässige Informationen zum Ausflugs-/ Urlaubsort, zu den Angeboten in leicht verständlicher Sprache (z.B. keine schwierigen Wörter, keine langen Sätze) • Bereitstellung der Informationen in großer Schrift (Kataloge, Prospekte) • Verwendung von Bildern zu Texten • Internetseite in einfacher Sprache, in großer Schrift und mit aussagekräftigen Bildern/ Grafiken • Berücksichtigung eines höheren Beratungs-/ Zeitaufwands (ruhige und ggf. mehrmalige Erklärungen)

Abbildung 46: Vorabinformationen für multimorbide/ behinderte Reisende[275]

---

[275] Quelle: eigene Erstellung (in Anlehnung an: ADAC 2003 S. 28-32)

7.2.2 An- und Abreise/ Beförderung (PKW, Bus, Bahn, Flugzeug)

Gehbehinderte Reisende/ Reisende im Rollstuhl	• Ausreichend barrierefreie Mietwagen bei Autovermietungen bereitstellen • Ausreichende ausgewiesene Parkmöglichkeiten • Busse/ Bahnen mit Niederflurtechnik bzw. ebenerdige Einstiegsmöglichkeiten, Hubsysteme, mobile Rampen • Berücksichtigung des erhöhten Platzbedarfes • Rutschfeste Haltevorrichtungen im Ein-/ Ausstiegsbereich • Rutschfeste Bodenbeläge in Transportmitteln • Gepäckservice • Barrierefreie Gestaltung von Flughäfen, Bahnhöfen etc. • Ausruhmöglichkeiten auf Flughäfen u. Bahnhöfen • Treppen mit Geländern • Sitze mit ausreichender Beinfreiheit
Sehbehinderte/ Blinde Reisende	• Kontrastreiche Gestaltung von Wegen, Türen, Treppen und Einstiegsstufen • Geschlossenes Orientierungssystem mittels Leitstreifen an wichtigen Wegen • Gestaltung der Wagen mit ausreichend breiten Gängen und kontrastreicher Innenausstattung (z.B. Kennzeichnung der Türen durch entsprechende Farbgebung) • Gut tastbare und deutliche Kennzeichnung von Bedienungselementen (Türöffner, Glastüren, Notausgänge, Haltegriffe) • Deutliche akustische Ansagen z.B. von Haltestellen, Ausstiegsseite, Umsteigemöglichkeiten • Ausreichend Sitzplätze im Einstiegsbereich • Akustische Signale bei Türöffnung und - Schließung • In Aufzügen Sprachausgabe und tastbare Buchstaben und Ziffern auf Bedientastatur (auch in Brailleschrift) • Fahrpläne/ Informationen in großer Schrift, Brailleschrift, Sprachausgabe
Hörgeschädigte/ Gehörlose Reisende	• Übermittlung von Richtungsanzeigen u. weiteren wichtigen Informationen in schriftlicher Form (z.B. Leuchtschriftband) • Klingeln, Alarme auch visuell wahrnehmbar (Blinksignale) • Gute und blendfreie Ausleuchtung von Informationsstellen • Visualisierung von Durchsagen • Markierung von Treppenkanten
Herz-/ Kreislaufkranke, Reisende mit sonstigen internistischen Erkrankungen	• Defibrillatoren an Bord • Notwendige Medikamente vorhanden • Pflege-/ Betreuungspersonal • Ärztliche Versorgung an Bord
Reisende mit psychischen Erkrankungen/ Behinderun-	• Benennung der Einrichtungen mit einfachen Worten oder gebräuchlichen Symbolen

gen	• Schulung des Personals durch eine im Umgang mit Menschen mit psychischen Krankheiten erfahrene Person • Deutliche Ansage der Richtung sowie der Haltestellen, bei Zugreisen deutliche Ansage von z.B. Fahrplanänderungen • Infoterminals mit gesprochener Information und Tastbildschirm als Orientierungshilfe

Abbildung 47: Vorkehrungen bei der An- und Abreise/ Beförderung[276]

7.2.3 Unterkunft

Gehbchinderte Reisende/ Reisende im Rollstuhl	• Ausreichend Parkplätze für gehbehinderte Personen in unmittelbarer Nähe zum Eingang • Mobile Rampen • Ausreichend Sitzgelegenheiten im Foyer • Stufenlose Eingänge • Abgesenkte Theke und Tische • Ausreichend Bewegungsfläche in den Zimmern • Keine Möbel mit scharfen Kanten • Variable, verstellbare Betthöhe • Ausreichend breite und schwellenlose Zugänge zu anderen Räumen (z.B. Balkone, Terrassen) • Funktionselemente sitzend bedienbar (z.B. Fenster, Lichtschalter) • Barrierefreier Zugang u. Gestaltung der Bäder (z.B. erhöhte Toilettensitze, schwellenloser Eingang zur Dusche, Duschsitze, Badewannenlifte, rutschfeste Haltegriffe, rutschhemmende Bodenbeläge, Duschkopf u. Armaturen sitzend bedienbar) • Notrufeinrichtung (z.B. mit Halsband, liegend bedienbar) • (Ausleihbare) Personenlifter • Ruhezonen vorhanden • Barrierefrei zugängliche Rezeption, Zimmer u. Speiseräume (leicht zu öffnende Türen, Vermeidung von Stufen, unterfahrbare Tische) • Gepäck- und Abholservice vom Bahnhof • Treppenläufe im Schwimmbad, Einstieg durch Rutsche

---

[276] Quelle: eigene Erstellung (in Anlehnung an ADAC 2003, S. 32-40)

Sehbehinderte/ Blinde Reisende	• Kontrastreiche Gestaltung (farblich abgesetzte Eingänge, Türen, Türrahmen; Kennzeichnung von Treppen durch farblich und taktil unterscheidbare Kanten)
	• Kontrastierende, gut erkennbare Richtungsweiser und Ausschilderung
	• Markierung der Wegführung für blinde Reisende, z.B. unterschiedliche tastbare Bodenbeläge, Signaltöne
	• Beschriftung von Informationstafeln/ Zimmernummern in ausreichender Größe sowie mit tastbaren, kontrastreichen Symbolen (immer an derselben Stelle angebracht)
	• Erleichterung der Orientierung durch Handläufe mit tastbarer Angabe der Etage sowie weiterer Informationen
	• Gute und blendfreie Ausstattung der Rezeption
	• Anpassung der Möblierung an die speziellen Anforderungen sehbehinderter Gäste (Gliederung der Räume in Bewegungs- und Ruhezonen, keine Verwendung von scharfkantigen und rauen Möbeln, hell ausgeleuchtete Zimmer, tastbares Telefon mit großen Tasten, größere, barrierefreie Bäder, kontrastreiche Gestaltung der Armaturen sowie elektrischer Bedienelemente in sanitären Einrichtungen wie Ablagen, Steckdosen, Lichtschaltern etc.)
	• Akustische Ansagen bzw. tastbare Kennzeichnung der Bedienelemente im Aufzug
	• Spezielle Serviceleistungen des Personals (Begleitung zum Zimmer, Erklärung der Bedienelemente in Aufzug und Zimmer, Erklärung der Raumaufteilung, Erklärung von Maßnahmen im Notfall)
	• (Unentgeltliche) Aufnahme von Führhunden im Beherbergungsbetrieb
	• Kein Verstellen bzw. Verlegen von Bedienelementen sowie persönlichen Sachen des Gastes, ohne ihn zu informieren
Hörgeschädigte/ Gehörlose Reisende	• Akustische Warnsignale (Klingel- und Alarmtöne) im Hotel optisch wahrnehmbar machen
	• Ausstattung technischer Geräte im Hotelzimmer mit Blink- oder Vibrationssignalen
	• Anbieten von Hilfestellungen durch das Personal (z.B. Telefonate übernehmen)
	• Schriftliche Informationen im Aufzug (z.B. Etage)
	• Bereitstellung von Faxgerät, PC mit Internetanschluss zur schriftlichen Kommunikation
	• Informationen für Gäste schriftlich festhalten
Herz-/ Kreislaufkranke, Reisende mit sonstigen internistischen Erkrankungen	• Defibrillatoren im Hotel
	• Hotelapotheke

Reisende mit psychischen Erkrankungen/ Behinderungen	• Arzt/ Krankenschwester im Hotel oder in unmittelbarer Nähe • Notrufgeräte • Klare, deutliche Beschilderung des Beherbergungsbetriebes in einfachen und verständlichen Symbolen • Einfache Ansprache der Gäste in jeder Situation • Erklärungen zu den Einrichtungen im Hotel in ruhiger und deutlicher Sprache

Abbildung 48: Gestaltung der Unterkunft für multimorbide/ behinderte Reisende[277]

7.2.4 Verpflegung

Gehbehinderte Reisende/ Reisende im Rollstuhl	• Stufenlose, breite Durchgänge im Speisesaal • Genügend Bewegungsfläche zwischen den Tischen • Umstellbares Mobiliar • Niedriges Buffet, Anreichen der Speisen • Unterfahrbare Tische • Entsprechendes, barrierefreies WC auch im Frühstücksraum, Restaurant, Barbereich • Schulung des Personals (Aufhalten der Türen, Begleitung zum Platz, Begleitung zum Buffet, zum WC, Hilfestellung beim Hinsetzen, Aufstehen) • Deponieren von Gehhilfen (Stock, Rollator) in greifbarer Nähe des Gastes
Sehbehinderte/ Blinde Reisende	• Ausreichend breite Durchgänge • Keine Hindernisse auf Wegen sowie vor Türen • Kontrastreiche Markierung von Glastüren • Speisekarten in serifenloser, großer Schrift bzw. in Brailleschrift sowie mündliche Informationen • Sensibilisierung des Personals (höflicher, unaufdringlicher Service; Frage nach gewünschten Hilfestellungen wie Geleiten zum Tisch, Erklärung des Buffets; kurze Beschreibung des Raumes, des Weges zur Toilette; direktes Ansprechen des Gastes möglichst mit Namen; falls erwünscht, Hilfe beim Kleinschneiden der Speisen)
Hörgeschädigte/ Gehörlose	• Schulung des Personals (sich dem Gast immer

---

[277] Quelle: eigene Erstellung (in Anlehnung an ADAC 2003, S. 40-50)

Reisende	von vorne nähern; beim Gespräch Blickkontakt halten; bei begleitendem Dolmetscher den Gast immer in das Gespräch mit einbeziehen; ruhige und deutliche Sprache)
Herz-/ Kreislaufkranke, Reisende mit sonstigen internistischen Erkrankungen	• spezielle Verkostung (Diätkost, Diabetikerkost) • spezielle Ernährungskurse • Verpflegung, falls nötig, auch auf dem Zimmer
Reisende mit psychischen Erkrankungen/ Behinderungen	• Bereitstellung von bebilderten Speisekarten bzw. Speisekarten in großer Schrift und einfacher Sprache • Bei Bedarf Vorlesen der Speisekarte • Zuvorkommender und freundlicher Service wie bei anderen Gästen auch

Abbildung 49: Gestaltung der Verpflegung für multimorbide/ behinderte Reisende[278]

7.2.5 Freizeit- und Sportangebote

Gehbehinderte Reisende/ Reisende im Rollstuhl	• Beschreibung von vorhandenen Teilnahmemöglichkeiten im Rahmen der touristischen Informationsvermittlung • Anbieten von attraktiven, barrierefreien Freizeit- und Sportangeboten • Rampen für Fahrgastschiffe und am Bootsanlieger • Ausgewählte Wanderwege barrierefrei gestalten • Abschüssiges Gelände durch Brüstungen/ Umwehrungen schützen • Ausarbeitung von speziellen Freizeit-/ Sportangeboten unter Berücksichtigung eingeschränkter Mobilität (Wellnessangebote, Boots- und Kanutouren, Kutschfahrten etc.) • Ein- und Ausstiegshilfen an Swimmingpools, entsprechende Umkleidekabinen mit Sitzmöglichkeit • Auf Wanderwegen ebene und rutschfeste Oberflächen (Asphaltierung, fugenfreie Wege oder fester Waldboden)
Sehbehinderte/ Blinde Reisende	• Wanderwege mit optischen oder taktilen Markierungen/ Leitsystemen und ausreichend Sitzmöglichkeiten • Tastbare Schautafeln sowie Erklärungen in großer Schrift/ Brailleschrift bzw. in akustischer

---

[278] Quelle: eigene Erstellung (in Anlehnung an ADAC 2003, S. 50-52)

	Form • Akustisch geleitete Führungen • Vermeidung von Hindernissen und Gefahrenquellen • Hinweise auf spezielle Angebote für sehbehinderte/ blinde Personen
Hörgeschädigte/ Gehörlose Reisende	• Gute Beschilderung der Sport- und Freizeitanlagen • Bereithaltung von Informationen stets in schriftlicher Form • Hinweise auf spezielle Angebote für Hörgeschädigte/ Gehörlose Reisende
Herz-/ Kreislauferkrankte, Reisende mit sonstigen internistischen Erkrankungen	• Spezielle Sport- und Freizeitangebote für Herz-Kreislauferkrankte und Menschen mit sonstigen internistischen Erkrankungen (nicht zu anstrengend, gesundheitsfördernde Maßnahmen, Präventionskurse)
Reisende mit psychischen Erkrankungen/ Behinderungen	• Kleine Gruppen zur leichteren Kommunikation • Klare Beschilderung der Sport- und Freizeitanlagen mit einfachen Symbolen oder Piktogrammen • Kooperation der Betreiber von Sport-/ Freizeiteinrichtungen mit Behindertenorganisationen oder Pflegediensten (spezialisiert auf psychische oder demenzielle Erkrankungen)

Abbildung 50: Gestaltung von Freizeit- und Sportangeboten[279]

7.2.6 Service und Assistenz

Gehbehinderte Reisende/ Reisende im Rollstuhl	• Schulung und Sensibilisierung des Personals im Umgang mit gehbehinderten Urlaubern • Organisation von Transfermöglichkeiten durch das Hotel (durch Hotelangestellte) • Informationsvermittlung in Bezug auf die Zugänglichkeit touristischer Angebote vor Ort • Vermittlung und Bereitstellung von Pflege-, Therapie- und Assistenzangeboten (z.B. Verleih von Hilfsmitteln wie Strandrollstühlen, Handbikes, Rollfietsen etc.)

---

[279] Quelle: eigene Erstellung (in Anlehnung an ADAC 2003, S. 52-55)

	• Geschäftsleute und Dienstleister vor Ort in die Angebote integrieren
	• Kontakte zu örtlichen Behindertenorganisationen
	• Angebote speziell konzipierter Ausflüge (mit entsprechenden Transportmitteln, wenig anstrengende Fußwege etc.)
Sehbehinderte/ Blinde Reisende	• Schulung und Sensibilisierung des Personals in Zusammenarbeit mit Blinden-/ Sehbehindertenorganisationen
	• Ansprache des Gastes direkt und mit zugewandtem Gesicht (nicht nur ausschließlich mit Begleitpersonen)
	• Schriftliche Informationen auf Wunsch vorlesen
	• Angebot eines Begleitservices am Urlaubsort
Hörgeschädigte/ Gehörlose Reisende	• Schulung und Sensibilisierung des Personals
	• Beim Gespräch Blickkontakt halten
	• Aufschreiben von kurzen Fragen und Antworten
	• Anbieten spezieller Hilfsmittel (Nutzung von Fax, Internet)
	• Bereitstellung spezieller Adresslisten mit nützlichen Informationen (z.B. Gebärdensprachdolmetscher, kulturelle Angebote für hörgeschädigte/ gehörlose Reisende)
Herz-/ Kreislauferkrankte, Reisende mit sonstigen internistischen Erkrankungen	• Vermittlung und Bereitstellung von Pflege-, Therapie- und Assistenzangeboten (Begleitung durch Ärzte und/oder Krankenschwestern auf Ausflügen, Abholung von Medikamenten durch Hotelangestellte)
	• Dialyseorganisation vor Ort
Reisende mit psychischen Erkrankungen/ Behinderungen	• Schulung des Personals im Umgang mit Reisenden mit Lern-, Sprach- und Verständnisschwierigkeiten
	• Information und Kommunikation in leichter, deutlicher sowie grammatikalisch korrekter (keinesfalls aber in kindlicher oder verniedlichender Sprache
	• Erklärung von Sachverhalten in ruhiger Atmosphäre, (evtl. Aufsuchen eines störungsfreien, ruhigen Gesprächsortes)
	• Echtes, freundliches Begegnen (ohne unangemessene Bemitleidung)

Abbildung 51: Service und Assistenz für multimorbide/ behinderte Reisende[280]

---

[280] Quelle: eigene Erstellung (in Anlehnung an ADAC 2003, S. 56-59)

8 Fazit

Betrachtet man den aktuellen Seniorenreisemarkt in Deutschland, so stellt man fest, dass sich die Angebotsstruktur in den letzten Jahren zwar verbessert hat, aber aufgrund des stark zunehmenden Anteils dieser Personengruppe an der Gesamtbevölkerung bei weitem noch nicht ausreicht, die vielfältigen Bedürfnisse dieses Marktsegments zu befriedigen. Aufgrund des demographischen Wandels und einer guten finanziellen Ausstattung der Senioren wird die Nachfrage nach Reisen in den nächsten Jahren höchstwahrscheinlich zunehmen. Auch die kommende Seniorengeneration wird nicht nur reisefreudiger sein als die heutige, sondern aufgrund eines zunehmend hedonistischen Lebensstils vielfältige und differenzierte Ansprüche an die Urlaubsreise stellen. Die Senioren werden als wachsende Gruppe die Chance haben, ihre eigenen Vorstellungen und Bedürfnisse deutlich zu machen. Die Tourismusindustrie muss sich mehr einfallen lassen als Tanzabende, Bastelkurse und Theaterbesuche mit primärem Unterhaltungswert.

Auch die heute gängige begriffliche Zuordnung der Senioren zu den „jungen Alten" wird der zukünftigen Entwicklung nicht mehr gerecht. Es handelt sich in Zukunft nicht mehr um die vorzeitig in den Ruhestand getretenen Endfünfziger. Die zukünftigen Veränderungen werden sich hauptsächlich im Segment der über 70-Jährigen, welche oftmals an Altersbeschwerden und -krankheiten leiden, abspielen. Hier werden diejenigen Anbieter profitieren, die sich auf die Zielgruppe der älteren und oftmals multimorbiden Senioren und deren Bedürfnisse spezialisiert oder zumindest eingestellt haben. Aktuell bieten in Deutschland nur wenige Anbieter von „normalen" Seniorenreisen auch Angebote für multimorbide/ behinderte Senioren an. Das Marktsegment der „Reisen für multimorbide Senioren" bietet sowohl für Reiseveranstalter wie auch für touristische Zielgebiete die Chance, neue Nachfragepotentiale zu erschließen und dadurch die eigene Wettbewerbsposition zu verbessern. Die ökonomischen Effekte dieses Marktsegments sind für die Tourismuswirtschaft bei entsprechender Produktanpassung sowie bei der Schaffung neuer Produktsparten noch erheblich steigerungsfähig.

Bereits heute werden beachtliche Umsätze von den touristischen Anbietern erzielt, die ihr Angebot auf die Zielgruppe der Senioren mit altersbedingten Erkrankungen oder Behinderungen ausgerichtet haben. Bedenkt man zusätzlich, wie viel mehr durch eine entsprechende touristische Produktanpassung der Reiseanbieter für diese Zielgruppe getan werden kann, erschließt sich die Steigerungsfähigkeit des Marktpotentials und der damit verbundenen ökonomischen Bedeutung von selbst. Die Schaffung von Zugängen zu touristischen Dienstleistungen für die Zielgruppe der multimorbiden und dadurch mobilitätseingeschränkten bzw. behinderten Senioren ist, bedingt durch die immer größer werdende Anzahl älterer Menschen, ein bedeutender Wirtschaftsfaktor. Barrierefreie Angebote und zusätzliche, dienstleistungsorientierte Hilfestellungen und Zusatzangebote im Urlaub werden immer mehr von reisenden Senioren in Anspruch genommen werden, sofern sie denn von den Reiseveranstaltern angeboten werden.

Es wurde in dieser Untersuchung bewusst die Zielgruppe der multimorbiden Senioren gewählt, da Untersuchungen zu dieser speziellen Personengruppe noch nicht in ausreichendem Maße vorhanden sind. Auch diese Personengruppe hat ein Recht auf Teilhabe am Leben in der Gesellschaft und deren Aktivitäten. Denn *„Leben ohne Erleben ist Vegetieren"*.

Literaturverzeichnis

ADAC (Hrsg.): Barrierefreier Tourismus für alle – Eine Planungshilfe für Tourismus-Praktiker zur erfolgreichen Entwicklung barrierefreier Angebote. München 2003

Artho, S.: Auswirkungen der Überalterung im Tourismus – Alter als Chance für die Reiseveranstalter. Bern 1996

Bastian, H. (Hrsg.): Kundenorientierung im Touristikmanagement. 2. Auflage. München 2000

Bauer Verlag Anzeigen und Marketing KG: Sie sind so jung wie sie sich fühlen. Hamburg 1993

Birg, H.: Schrumpfende Gesellschaft. In: Münstersche Zeitung, 20.03.2006, S.2

BMFSFJ (Hrsg.): Dritter Altenbericht 2001 - Dritter Bericht zur Lage der älteren Generation. Bundestagsdrucksache 14/ 5130, Berlin 2001

BMGS (Hrsg.): Reisen für behinderte Menschen – Eine Untersuchung im Auftrag des Bundesministeriums für Gesundheit. Mühlheim/ München 1999

BMWA (Hrsg.): Ökonomische Impulse eines barrierefreien Tourismus für alle. Dokumentation Nr. 526. Berlin 2003

Bruhn, M.: Marketing – Grundlagen für Studium und Praxis. 4.Auflage. Wiesbaden 1999

Bühner, M.: Einführung in die Test- und Fragebogenkonstruktion. München 2004

Deutsches Seminar für Tourismus (DSFT): Ran an die Alten. Seniorenmarketing im Tourismus. Berlin 2002

Duden: 4.Auflage. Mannheim 2000

Dühring, A.; Habermann-Horstmeier, L.: Das Altenpflegelehrbuch – Medizinische und psychosoziale Grundlagen für die Pflege alter Menschen. 2. Auflage. Stuttgart 2000

Forschungsgemeinschaft Urlaub unf Reisen e.V. F.U.R (Hrsg.): Urlaubsreisen der Senioren – Die Reiseanalyse. Kiel 2005

Freyer, W.: Tourismusmarketing. 4. Auflage. Wiesbaden 2004

Freyer, W.: Tourismus – Einführung in die Fremdenverkehrsökonomie. 5.Auflage. München 1995

Füsgen, I.: Geriatrie. Spezielle Krankheitsbilder – Notfälle – Problembereiche – Tod und Sterben. 4.Auflage. Stuttgart 2004 .

Gugg, Dr.; Hank- Haase, Dr.: Senioren auf Reisen – Touristischer Wachstumsmarkt Nr.1. Eine Untersuchung zu Volumen und Struktur des zukünftigen Seniorenreisemarktes mit Marketingrichtlinien für die Tourismuswirtschaft und Hotellerie. Frankfurt/M. 1997

Hafermalz, O.: Schriftliche Befragung – Möglichkeiten und Grenzen. Wiesbaden 1976

Hafner, M.; Meier, A.: Geriatrische Krankheitslehre. Teil I: Gerontopsychiatrische und Neuropsychologische Syndrome. Bern 1993

Hebestreit, D.: Touristik-Marketing – Grundlagen, Ziele, Basis-Informationen, Instrumentarien, Organisation und Planung des Marketing von Reiseveranstaltern. Berlin 1992

Härtl- Kasulke, C.: Marketing für Zielgruppen ab 50. Kommunikationsstrategien für 50plus und Senioren. Neuwied 1998

Heeren, A.: Seniorentourismus. Status – Trends – Entwicklungen. Düsseldorf 2004

Hupp, O.: Das Kaufverhalten älterer Konsumenten, Saarbrücken 1998

Hübner,M.; Born, A.: Zielgruppe Senioren: Chancen und Perspektiven für die Tourismusbranche. Gelsenkirchen 1999

Kobelt, H.; Steinhausen, D.: Wirtschaftsstatistik für Studium und Praxis. 6. Auflage. Stuttgart 2000.

Kölzer, B.: Senioren als Zielgruppe: Kundenorientierung im Handel. Wiesbaden 1995

Krieb, C.; Reidl, A.: Seniorenmarketing. So erreichen Sie die Zielgruppe der Zukunft. Landsberg/ Lech, 2001

Kuratorium Deutsche Altershilfe(Hrsg.): Rund ums Alter: Alles Wissenswerte von A bis Z. München 1996

Lebensmittelzeitung Spezial 1/2005 (Hrsg.): Generation 50+ : Strategien für die Mehrheit von morgen. Frankfurt/M. 2005, S.8-9

Leibold, G.: Erkrankungen im Alter: vorbeugen - lindern – heilen. München 1994

Leibold, G.: Depressionen. München 1982

Leimer, S.: Seniorenreisen. Ansprüche, Angebote, Nachfragen – eine Marktübersicht. Köln 1997

Meffert, H.; Backhaus, K.; Becker, J.: Demographischer Wandel – Herausforderung an Politik und Unternehmensführung, Münster 2004

Meffert, H.: Marketing – Grundlagen marktorientierter Unternehmensführung. 9.Auflage. Wiesbaden 2000

Meyer- Hentschel, H.; Meyer- Hentschel, G.: Das goldene Marktsegment. Produkt- und Ladengestaltung für den Seniorenmarkt. Frankfurt/M. 1991

Meyer- Hentschel Management Consulting (Hrsg.): Handbuch Senioren-Marketing: Erfolgsstrategien aus der Praxis. Frankfurt/ M. 2000

Mundt, J.W.: Reiseveranstaltung. 2. Auflage. München 1994

Opaschowski, H.W.: Leben zwischen Muss und Muße. Die ältere Generation: Gestern. Heute. Morgen. Hamburg 1998

Opaschowski, H.W.; Raddatz, G.: Freizeit im Wertewandel – Die neue Einstellung zu Arbeit und Freizeit, Hamburg 1982

Opaschowski, H.W.: Einführung in die Freizeitwissenschaft. Freizeit- und Tourismussstudien. 2. Auflage. Hamburg 1994

Poth, L.G.; Poth, G.S.: Marketingbegriffe von A – Z. Wiesbaden 1999

Rudolph, H.: Tourismus-Bertiebswirtschaftslehre, München 1999

Seitz, E.; Meyer,W: Tourismusmarktforschung: ein praxisorientierter Leitfaden für Touristik und Fremdenverkehr. München 1995

Schäffler, A.; Menche, N.; Bazlen, U.; Kommerell, T.: Pflege heute – Lehrbuch und Atlas für Pflegeberufe. Stuttgart 1998

Schnell, R.; Hill, P.B.; Esser, E.: Methoden der empirischen Sozialforschung. 6. Auflage. München, Wien 1999

Statistisches Bundesamt (Hrsg): Bevölkerung Deutschlands bis 2050 - 10. koordinierte Bevölkerungsvorausberechnung. Wiesbaden 2003

Statistisches Bundesamt (Hrsg.): Tourismus in Zahlen 2003. Wiesbaden 2004

Verheugen, E.: Generation 40+ Marketing/ Best Age Marketing – Geldverdienen mit der lukrativsten Zielgruppe Deutschlands. Göttingen 2004

Internetquellen

http://www.css.ch/home/privatpersonen/pri-gesundheit/pri-ges-lexika/pri-ges-abczugesundheitundkrankheit/pri-ges-abc- (Letzter Zugriff am 22.01.2006)

arterienverkalkung_arteriosklerose.htm?letter=A (Letzter Zugriff am 21.01.2006)

http://www.parkinson-wissen.de/ (Letzter Zugriff am 22.01.2006)

http://www.hexal.de/subdomains/medizinlexikon/index.php?search=1&userInput=Depression (Letzter Zugriff am 25.01.2006)

http://www.angst-informationen.de/artikel/angstzustaende_g-syndrom.htm (Letzter Zugriff am 25.01.2006)

http://www.deam.de/krank/00059.htm (Letzter Zugriff am 25.01.2006)

http://www.bmfsfj.de/Publikationen/genderreport/7-Soziale-sicherung/7-6-alterssicherung-von-frauen-und-maennern.html (Letzter Zugriff am 06.02.2006)

http://www.destatis.de/basis/d/bevoe/bevoetab5.php (Letzter Zugriff am 09.02.2006)

http://www.db.de/site/bahn/de/reisen/fahrkarten/bahncard/bahncard.html (Letzter Zugriff am 03.03.2006)

http://www.bmfsfj.de/Publikationen/genderreport/01-Redaktion/PDF-Anlagen/lit-bmgs.bund.de,property=pdf,bereich=genderreport,rwb=true.pdf (Letzter Zugriff am 09.03.2006)

http://www.bmfsfj.de/Publikationen/genderreport/9-Behinderung/9-6-behinderte-frauen-und-maenner-im-alter.html (Letzter Zugriff am 17.03.2006)

http://www.bmas.bund.de/BMAS/Redaktion/Pdf/Rente/rente-rentenversicherungsbericht 2004,property=pdf,bereich=bmas,sprache=de,rwb=true.pdf (Letzter Zugriff am 10.02.2006)

www.destatis.de/allg/d/veroe/behinderte.htm (Letzter Zugriff am 23.03.2006)